A Walled Garden in Moylough

JOAN McBREEN

A Walled Garden in Moylough

SALMON  POETRY

Published in 1995 by
Salmon Publishing Ltd,
Upper Fairhill, Galway

The Publishers gratefully acknowledge the support of The Arts Council.

A catalogue record for this book is available from the British Library.

ISBN 1 897648 42 1

Cover painting by Dairine Byrne
Back cover photograph by Ray Ryan
Cover design by Poolbeg Group Services Ltd
Set by Poolbeg Group Services Ltd in Garamond 11/14
Printed by Colour Books, Baldoyle Industrial Estate, Dublin 13.

Acknowledgements

Acknowledgements are made to the editors of the following publications in which many of these poems first appeared, sometimes in different forms: *Poetry Ireland Review*; *The Salmon*; *Cyphers*; *Fortnight*; *The Honest Ulsterman*; *The Applegarth Review*; *Force 10*; *Colby Quarterly* (Vol. 28, No. 4); *Riverine*; *La Collina* (Anno VIII/IX – Numero 16/18, Italy); *Stet*; *Woman's Way*; *The Sligo Champion*; *Writing In The West* (*Connacht Tribune*); *The Tuam Herald*; *The Great Tuam Annual*; *The Fiddlehead* (Canada); *Grain* (Canada); *Irish America*; *Westerly* (Australia); *Verse* (Scotland); *The Great Book of Ireland*; *The Mayo Anthology*; *The Humours of Galway*; *The Inward Eye* (Sligo Poetry Broadsheet); *Women's Work* (Wexford); *Under The Shadow*; *Westport Poetry Anthology*; *Irish Poetry Now: Other Voices*; *The Poet and the World: International Poetry Anthology* (Seattle, USA); *Cúirt Anthology* (Issue No. 1) *Full Moon* (Killybegs Poetry Broadsheet); *UCG Women's Studies Review* (Vol. I, Vol. II); *Seneca Review* (USA) Vol. 23, Nos. 1 and 2. – (Special Issue, Irish Women Poets); *The Southern Review* (USA); *The Maryland Poetry Review* (USA); *Ms Chief, Irish Women's Review*; *Lifelines*; *Real Cool: Poems To Grow Up With*; Mná na hEorpa Broadsheet (International Women's Day 1993).

For her unfailing friendship, support and encouragement over many years, thanks to my fellow Galway poet Anne Kennedy. To the editor of this book, Jessie Lendennie, Salmon Publishing, Galway, and to Brenda Dermody of

Poolbeg Group Services, Dublin, who designed the cover, my thanks.

Thanks to RTE Radio and Television, Radio Kerry, Radio Ulster, and BBC Radio Three, where many of these poems were broadcast between 1990 and 1994. Special thanks to John MacKenna, Seamus Hosey and Niall MacMonagle.

I would like to thank Ailbhe Smyth, Director, Women's Studies Centre, UCD, for not alone using my work with her students and at conferences, but for her continued support.

To Listowel Writers' Week, The Yeats Society, and The Poets' House (Islandmagee, County Antrim), The Galway Writers, The Killybegs Writers, and the many groups that I have had the privilege of working with, a special thanks.

My thanks to Declan Varley of *The Tuam Herald* who typed the original manuscript of this book; to Jim Carney and David Burke for their help and encouragement over the years, and also to Jane Prendergast and Breda Kenna.

Thanks also to *Tuam Herald* photographer Ray Ryan for his cover photograph.

The poems in this collection are published in the USA by Story Line Press, Three Oaks Farm, Brownsville, Oregon. My grateful thanks to my editor, Robert McDowell. Thanks to Chiquita Babb for the design of the Story Line edition.

I wish to thank Michael and Migi Reynolds, Moylough House, Moylough, County Galway.

Very special thanks to my husband, Joe McBreen.

Author's royalties from this book donated to The National Maternity Hospital, Holles Street, Dublin.

For Brian, Jody, Sarah,
Helen, Peter and Adrian.

Contents

Ben Bulben

In my childhood
winter was over
when snow streamed down
the face of Ben Bulben

and young women
seeking husbands
climbed the other hill
to place marriage stones on Maeve.

But stones are heartless things
useful for making walls.
Did Gráinne then, who fled
with her voluptuous lover

choose the finer way?
Was she safer
on the mountainside
than in a house of stone?

Lettergesh

It is April in Lettergesh. A man
wearing a blue cap mends his fence;
rain washes his brown hands
as he works. I am standing
between turf and door
among whin and stone.

He thinks of what he must do,
takes action, leans back,
inspects and works again,
as much making as mending;
slightly clumsy now, he
tosses bits of rusty wire away.

He walks a little to the right,
and at a distance,
between the fence and himself,
removes his cap and wipes his face.
Mist rises from the grass, and as
rain sheets the mountain

dusk approaches. Behind me
is a room, a table
with a red-draped cloth, books,
papers, and a child's broken
toy, upended
on the floor.

Feathering the Room

Imagine the woman nesting in a room,
silence broken only by the hum of her sewing-machine
or continuous high-pitched whining of the dog
she keeps chained up all day.

Glancing at herself in the mirror, she lights fires,
dusts, settles photographs among plants
and red candles on the window sills.
Oh, think of a garden of pretty flowers!

Outside the air is still. Before flying south,
a swallow enters, perches on her shoulder;
she touches his feathers and kisses
her lover's letter. "Take it easy," she says,

"think of tomorrow." On the threshold
of the slightly open door she stands
warming the swallow near her breast,
a stone and a knife at her feet.

Tomorrow she may kill the swallow.
She is tired trying to bend her days,
days which have bent her as branches
in a forest they have owned.

When the swallow is dead, she will keep the feathers.

Rose Cottage Finisklin, c 1955

I am peeling potatoes for dinner, thinking
about this and that, a sun-filled orchard,
my mother and her friend under laburnums.

My mother's friend is washing in the old style,
wash, wash, wash, wring, rinse
like her mother and her grandmother.

In a barrel of rainwater near the kitchen
window-sill, her daughter washes her feet
while I whisper in the trees with my sister.

Thirty years from then my mother sits
with old photographs, wearing night clothes all day,
remembers liking jazz, faded films, Fred Astaire;

thinks of children in an apple orchard
and waits in silence for someone
to touch in passing an old woman's hair.

Eanach Cuain

January sunlight, blinds half-drawn
down long classroom windows,
chalk-dust.

A child sings the old lament,
grace notes leave her throat,
clean, griefless.

Impossible to know which is remembered,
the haunted air, my mother's fingers
tightening on my arm

or the quickened beat
of the heart when the room was still
and filled with silence.

Dream of Poet and Child

You must believe me when I tell you
it is not because the room I write in
is sunlit or each window frames
a painting, that my dream returns.

I recall you leaning against a fence
in a cornfield, your arms
cradling a blond child, the blackness
of your hair making of his a golden moon.

I ascend the link chains easily,
glide over the top despite
the fullness of my long white dress.
In deep sleep I search

the endless space between us. But
where have you fled away to?
What is this darkness?
Why the salt taste on my lips?

When I reach the place
my fingers touch nothing
but damp and flattened grasses
where his and your body had been.

The Nest

At dusk we found it in the hedge,
four eggs like tiny speckled
marbles, still warm
when we held them in the palm
of our hands.

I threw one down, then another.

You laughed. I threw one more.
You passed me back the last to throw.

Splinters of shell, feathers, blood,
a yellow streaked-with-green mess
lay in the middle of the tarred road.

We ran home through dark fields,
crossed gates.

All night I sucked my fingers.
A full moon outside my window
sat in a cold sky.

II

I sit here
in a half-lit room,
a black stain at my heart.

I am on an empty road.
The ditch is wrapped
in its own shadows,
a nest is full of bits of white down.

This Light, This Silence

If you tried to convince me sunlight
glinting from hedge to hedge
would cease to remind me
how we once moved from silence
to silence, I might not believe you.

Without you strange shadows
lurk at the foot of my bed.
When night settles down you flood
over me like the first breaking
of wet dawn.

The room I live in is empty.
Beyond my window I see in a country
house someone has lit a candle.
Its fragile brightness can be seen
miles away.

I need it to remind me of you,
the light little more than nothing
yet it marks my direction
like a bonfire burning.

A Walled Garden in Moylough

Now this May evening is quietly breathing
around us; your tobacco smoke swirls
in the stillness and I remember my lost father.

The wide street outside is silent.
Houses, shops and church are shuttered
and a light rain drifts in from farms and quiet fields.

The story begins: we are attentive to one another
knowing what we already know will be transformed
as a baby on its way transforms the young mother.

The evening darkens. The words we share lift clearly.

Inside our glasses are cooling on a low table.
In firelight we yearn for something nameless,
freely given as trees, meadows and frail bluebells.

I stand at the window. The garden's lunar shadows
fall on white stone and juniper and I know
my stillness is part of yours in the walled garden.

Moore Hall in September

It is clear afternoon, warm in these woods.

There is your memory, a lake of events
at the edge of my mind, photographs
taken, days we walked with winter in the air.

Someone is felling trees in the distance,
another is skating on ice.

Once, men ran through these woods trembling;
one brought his wife home a hat full of eggs
unbroken from where he found them in the grass.

I have placed branches of the rowan,
hazel and beech in a black vase
and recall how I held the shrubs back
while you searched for something else.

The windows of the house are bricked in now
and there is no longer a roof. Autumn
is a heap of dead leaves on the great steps.

Someone Should Tell My Mother

Tonight my mother is walking in a bare room
over my head.

Someone should tell her to sleep now.

Tonight my mother is holding a skirt-full
of apples warm against her breast.

Someone should tell her to eat now.

Tonight my mother is sewing a dress for me.
She cries out when the needle pierces her hand.

Someone should tell her how helpless I am.

Tonight I will tell my mother she must
leave me alone, but wait, I cannot.

I hear a rustling sound coming from the room

like someone sifting through hundreds of pages
seeking a happy ending and the sound is like the sea

which is very far away.

Bog-Cotton

The fields are drenched with it,
feather-down heads, gossamer
on stalks both hardy and frail.
Nothing breaks the silence
in a Roundstone bog
but a curlew's cry caught in the wind.

The mist clears; I pass a woman
standing on a grass verge,
smiling, talking to herself.
Wet grass anoints her ankles,
her voice falters, drifts with turf-smoke.

Behind a wall horses grow restless,
seagulls clamour overhead
and the woman is silent,
I walk to the end of Inishnee
where shadows fall on rocks and shore

and the sun shines on *ceannabhán*,
mysterious, *uaigneach*.

ceannabhán (bog-cotton)
uaigneach (lonely)

In The Daughter's Room

My grandmother is coughing in her sleep
in the room next to mine.
I am in the dark listening to trees
behind the house sway in the wind.
My mother tiptoes past.

I make a tent of my blankets
so that I will not hear the rain
turn to sleet on the window.

I am dreaming of you in white, running
on bare feet over the hills or moving
with me in the grass, barely breathing.

I have disappeared from the room,
the garden, the street and this house
to a place where I cannot be found, but still
hear the sound of others searching for me.

After Osip Mandelstam

My window looks on the pines
at the back of the garden.
       It is raining. Listen, I hear
      a kind of sobbing.

The sun was so bright on the beach
yesterday when I was out tramping.
       It was cold. The sea left
      little corpses in the wrack.

From now on dark begins at four
and letters pile up like old wood.
       Coffee will turn grey in cups.
      It will be night endlessly.

The Mountain Ash

If you can imagine it
fully grown, red berries
in clusters on every branch,
and if you understand
my desire to tend it
always in my own place,
you will know why I carried
it here as a sapling,
uncovered the roots from plastic,
exposed them to the cold air.

This sheltered garden
will never resemble
its wild hills nor the soil
deceive as black earth
of the mountain, yet
I can be seduced into believing
my mountain ash
will live, and day after day
draw me to the window,
allow me rise with certainty.

I carry my washing in and out
in great armfuls,
bring a necessary stake
to my mountain ash when it struggles
against the harsher winds.
Blind with sleet, on days I cannot

see my face in the mirror
it comforts me as neither child
nor lover could. I planted it.
Without me it will die.

Girl

A girl in a red skirt
leaps through the bog.
Her bare feet leave
prints on the rocks.

Now she crouches
near a thorn bush,
sheltering from the rain.

And my heart
has kept her all these years
like a stranger.

The Mahogany Mirror in my Mother's Room

And there you were on a clear summer morning
holding a peach nightgown against you,
your body reflected in the mahogany mirror
in your room, eyes examining
lace and silk, oblivious of mine
watching you from the middle of your bed.

The Little Street

(after Vermeer, Rijksmuseum, Amsterdam)

I

She is sitting with her sewing in an open door,
the dark behind her.

Although the little street is quiet and still,
she is not alone.

The girl-child she watches over
plays with her dog, motionless in the heat

and her friend, sister or neighbour
washes her hands in the rain barrel.

All are in their own light and shadow.
There is no speech between them.

(My shadows have returned, encircling me
in this space. I turn away).

II

My grandmother, wearing black, is sitting
on a kitchen chair outside our front door.

My mother is standing at the stove, wiping
tears from her eyes, about to call out.

I am wearing no shoes. It is summer
and there are daisies in the wet grass.

And now as I remember it, a man
is stumbling down the little street,

squinting in the sun, saying something
we can almost hear. We have all turned away.

Walking Barefoot on White Feathers

The mother walks barefoot on a ring
of white feathers, arms outstretched
under blue skies, clouds and apples;
above the garden, asleep, swing angels.

Brown trees after storms appear
to listen, but trees and angels
do not absorb tears
nor the din of far-off screams.

She warns her child that angels
make no sound. The day is ordinary;
the child who stumbles
on feathers and apples, weeps.

"I will work at my weaving to please you"
she says, "I will make music
with the noise of my loom."
Clack and whirr, whirr and clack.

Once she knelt veiled in a dark church,
invoked saints and gods to dispel her tormented
dreams, as her candle, ignited in its own paper cup,
dissolved before her eyes.

Lifting her into her arms,
the mother puts on the child's red shoes;
together they kneel
in the meadow of long grass.

Woman Watching the Door

I am walking in an orchard with my mother.
She is naming the apple trees as we pass:
"Cox Pippin" and "Beauty of Bath."

She stoops to fasten the strap of my sandal,
sunlight the colour of leaves in her hair.

We made our way from one year to another,
to my children around her
in an over-heated room, her eyes dim.

Someone carries a tea-tray towards her
as the winter light fades outside.

She neither eats nor weeps
but watches the door,
as a woman in a dry field waits
for someone to give her passage beyond.

The Clean Slice

Beyond the garden's solitude
is the dark shore, hills and wind.
A mantle covers somebody passing
with a lantern. He turns, looks back
and in the house where he lived
sleep his wife, his children.
He drops his lantern, the light goes out,
light that once fell as warm shadows
in a summer garden on sunburnt hands
and arms, on a woman's hair. In darkness
he hears their voices grow faint,
give way to silence, broken only
by the harsh sound of his son cutting
bread, the clean slice through the crust.

In the Brief Time Given

I stand by the table, making rules
for my child, his hand on the fruit,
his eyes looking beyond me through the window
at the trees and the bird tuning up.

I tell him not to put shoes on the table,
bring hawthorn indoors, break mirrors
or open umbrellas in the house.

Rain pours on lilacs in the yard
and I shelter him with myself.
Then I get on with the morning wash,
the child leaving me to it, taking with him
into the distance images of secret and threat,
alive to what my words said
and did not say, in the brief time given.

Watches

A man sits in a sunlit garden.
Birds swoop over the feeding table,
crying, scavenging.

He has sent for the jeweller.
Two suitcases of watches
are brought to him.

How pale and thin
the man has become, skin
around his wrists wrinkled and dry

yet his fingers rummage
desperately through the pile.
He chooses his new watch.

The birds fly into the air.
Time passes. The weather
turns.

Now the watch rests
on the bedside table
with the man's pipe, glasses, empty shoes.

On Hearing My Daughter Play "The Swan"

My daughter plays Saint-Saëns. It is evening
and spring. Suddenly I am outside
a half-opened door. I am six years old
but I already know there's a kind
of music that can destroy.

My mother is playing a waltz, Chopin,
and everything is possible. There are lilacs
in a vase on the hall table, white among
the colourful umbrellas, folded,
full of the morning's light rain.

My sisters' voices are calling one another
far down the street. There are wind-blown leaves
under my father's feet as he enters the room.
I look at him as if for the first time
and he grows old.

I see my mother rise from the piano
and close it gently. She takes a glass
from the table. It is empty. But she has put
a weight in me, the weight of something
that has died in her.

As my daughter sustains the melody
with her right hand, the tumult
of the chords she uses with her left hand
brings into the room
the hush and roar of the sea.

Heart in a Black Bowl

I once had a lover, a golden man.
In the city he betrayed me, was lost in the crowd.
Then there was nothing but a copper sky
and my heart encased in iron. In a black bowl
I carried it to the window-sill in winter.

A bottle of red wine contained my lover.
It was like this: apples and wedges of lemon
on a table, blue cornflowers and wheaten bread,
his face turned towards me, white, desiring.

As he drifted from me, I turned to my mirror.
These eyes know me, the woman I was for him,
I loved him yet he flew from my hands
like seeds or feathers and found his place
in the dark earth.

The Photograph of my Aunts

The photograph I found beneath the purple box
must have been lost and left behind.
It shows two sisters wearing white lace
in late summertime.

Goats graze under lilac trees. Two older women
wearing straw hats, stitch in pink and blue,
tiny knitted garments; their dresses blow in a breeze
that lifts the edges, revealing black button boots.

The sisters near the window-frame
have hair blown in a hazy lane.
This portrait stares from my wall;
the faces haunt me with other likenesses.

It hangs over the piano
near the painting of an apple orchard.
The sisters are dead.
In the photograph they wear white shoes.

They lean against the warm wall of the house.

Possibilities

"In times that have no present we stick to the images
of old memories."

Ivo Smoldas

Orpen's washerwoman in deep shadows,
arms bare, hair in curls,
speaks to her companion in low tones.

A friend leans against the wall
of an orange beach hut, dreaming
under an indigo sky.

Baudelaire's eyes are fixed on the distance.
Your handwriting faces towards
my bedroom mirror.

The words merge into one another. You wrote:
"We have come so far, only this far."

In this familiar room I have drawn
curtains back onto
an unbearable white morning.

One yellow beech leaf spirals downwards.
How slowly it is falling. Evergreens
move, an intricate dance arrangement.

My children's feet crunch on the gravel path.
The present is still possible, a world
clear as the voices outside, the past

a collection of postcards, a photograph I have kept.

Woman Herding Cattle in a
Field near Kilcolgan

Whenever I see her
in my mind's eye
I see her squat body in a crossover apron
and boots, calmly walking her field.

The spring night has come on,
taken me unawares and the lane is dark out there.
I think of her alone beside the hearth,
the radio turned on.

Whenever bare branches
turn again to leaf,
I will remember her
walking quietly in a sunlit space.

I will think of the woman
herding cattle in a field near Kilcolgan
alive with herself, company
for sheep and cows.

When I wake in the night
I see her too, young
and light-haired,
running in a green field.

Veronica

I

Veronica's maidservant scrubs the floor.

Her washing heavy on her hip, Veronica
goes to the river where singing women
beat hempen clothes on stones.

Plunging her hands into cold water,
watching them redden, grow coarse,
she remembers once being told death
by drowning is like strangulation.

Noon, and a dead cat lies sprawled
in the dust.

Finished her chores, the maidservant
lurking in shadows hides her face beneath lace.

Veronica lingers by the river, dreaming
of March in the garden, the hard hot earth,
smell of oranges and grass.

II

Her kitchen is dim. Herbs dangle
from the rafters, copper pans on the walls
are campfires in candlelight.

The maidservant is threading a needle
with grey-blue wool.
Veronica is at the table, her floury hands
knead dough.

It is not this she thinks about, but the outline
of a face on white cloth, the way it moved
in the breeze when she hung it
on the clothesline in the garden,

how it caressed her arms.

Snow in September

If you think only of me
imagine when
you opened the curtains wide,
dimmed the light,

hooked your right arm
over my bare shoulder,
traced with your fingers
on my face, moved

from the small space
beneath my ears
to softly touch my mouth,
and it snowed outside.

My hands sweated
on the cold window-ledge
and I shivered, for I wore
only your thin shirt.

While the snow-world whitened
and swirled, your hands
curled about tea I brought you
in a blue cup.

I placed my left arm
along the length of your body
and you said hoarsely
"I think only of you."

On Reading Your Letter in June

June and the hedges are drenched with hawthorn.
It is evening. There is a silken rustle
in the beeches. I sit with your letter, the wind makes
the whispering sound of lovers' laughter;

laughing I wore a blue dress at the water's edge,
your fingers stretched out to touch me. Nothing
kept me from you. In the morning there was
lavender on the window-sill and to this I return;

returning each time to find it startles like something
that is itself. Nearly midnight, I stand
in the open doorway. I speak to you
but your back is turned. You are painting a picture;

picturing a stone cottage, alone and exposed.
Two people have arrived from another place.
Over a bridge, you have painted trees the colour of rust.
You sign the painting with your name;

your name that no longer catches in my throat.
Look at you wrapping yourself up in your dark coat.
See how the trees have darkened. The town lights
have come on and each house holds a woman.

The two in the painting survive. I finish your letter.

In a Suburban Garden on Christmas Night

It is late. The night has turned to frost;
in the shadow of thickish trees
a swing stands to attention and a cat scuttles
past my ankles in search of heat and sleep.

Without saying anything, you left
and do you know I miss you?

You who used to call every day.

The garden darkens and a light snow falls.
Its flakes melt on my hair, my eyes, my mouth.

Inside a child cries over a lost toy soldier.
His cardboard universe stands still,
all its scenes played out.

You, I miss, my friend who left
without saying anything.

The Silken Robe

I grow weary of mourning you,
winding your hair around my hands,
dressing and undressing, wide awake
or semi-conscious, my face touching
your face, my arm resting on your thigh.

Cover me with your silken robe,
cool against my skin
in the heat of summer, warm
when I whisper of cold.

Cold, that in the candlelight I carry
to illuminate your face,
brings ice to the roots of my hair.

The Iris Garden

High over the harbour
we are in the iris garden;
all the others are in the glass room
bending towards one another.

We speak of how soon
you will be with us
not raising our voices above
a whisper; you are the breath between us.

Our blue dresses move gently.
There are only two irises
open to the sun and they lean
against a wall, are naked.

Our eyes are shut but not sleeping.
We tell each other how little
we remember even when we were awake
and it was morning.

The sea is groaning down below,
ebbing, flowing and carrying
its wrack to the shore; we know
and we imagine you there, almost.

The Inner Room

I

It is quiet in the inner room.
I wear a white dress
with a black rose pinned on it.

I keep the doors closed.
Although the window allows
in the sun, I am cold.

There is movement
however imperceptible in the garden,
life or a lover sneaking away.

II

The trees are coming into leaf.
To be comfortable I have unfastened my dress.
Standing in the doorway I'm dreaming.

I've turned my back to you . . .
My spirit has wandered into the sky.
But who will understand this?

III

I will leave my shoes empty on the doorstep
and be glad in the sun,
I will travel beyond the gates and join
you and that other one

and when the house lights yellow the dusk
beginning to show over the town,
I will look forward to the birth of stars
before I lie down.

IV

Sometimes I have a dream:
I am in a great forest seeking
childhood's half-forgotten tales.

I am lost in high mountains
seeking the air-castles
of my girlhood.

But in your arms losing my way
is impossible, for I have followed
you dumbfounded and amazed.

V

Everything can happen without me,
landscapes cloud over, skies
remain seamless,
downpours continue,
all as it should be
coping with no help from me.

VI

In every house a woman works
a ball of knitting wool.
One is afraid, for she is in another place,
not here where all the others are.

She is holding out her hand
to catch a thread which is stretching
around a corner.

She is offered nothing back. There is a labyrinth
she must enter over there.

VII

I left my light blue dress
of the sky's colour
on a rock beside the sea
and in my nakedness you caressed me.

All day I sat at your table
and drank wine from a deep glass
in silence.

Yet happiness is far away,
in a grave
where a man lies.

Hanging Wallpaper

It has gone on all morning.
Scrape, scrape, tear, strip,
the sound is in my head,

I am clenching my teeth,
it is inside my belly
until I cannot bear it any longer.

I am in a room
on the other side of the wall.
I stretch my legs out under a table.

They feel like someone else's
excavated from a pit.
But wait. The scraping has ceased.

Frost in the garden, half-starved birds,
dead flowers. The leaves are falling,
the old wallpaper is falling.

Time to hang the new,
choose the colour quickly – pink, blue?

Fionnuala

Imagine the bell's call
in a town asleep
beneath bleak mountains,

a woman alone in a room,
a vase with blossoms,
scentless things.

The dark sky
shadows a space,
the white page,

rage of winter
in the alders
and Lir's daughter,

a swan in waters
wilder, deeper
than she's ever known,

laments and laments again.

The Notebook

First entry. Girl in gingham, red.
Older girl in white, floating silk.

Second entry. Nun in black,
chalk. Tonic sol-fa.

Third entry. Middle room.
First Communion class. Laburnums.

Then a darkness. One day
talents were named.

We stood in a semi-circle.
All had one, some many.

Fourth entry. My turn.

Kindness. That was it.
I was called a strange name.

Fifth entry. What did it mean?

I wore a brown dress.
My face crumbled. I begged.

Sixth entry. Made alone in corner
of bedroom.

Sacred Heart looked down
over His red oil lamp. I wept.

Winding the Wool

She unplaited the figure-of-eight shape
of the skein and stretched it wide
apart, suddenly taut in her arms.

She placed it over my small upturned hands
and we sat face to face,
while she started to wind it in a ball.

Wool moved from here to there, the thread
running from my fingers quickly,
like rain streaming on the window pane.

The final inches slipped away from me
and she dropped her newly wound ball
on the floor. She worked the end
taken from me into her first stitches.

Hands still in my lap, I sat on a wicker
chair. Shadows from the fire
danced strangely on the wall
behind her head. I watched the thread.

In Memoriam JPB (1916-1993)

Death in April

Whenever I think
of Spring, such fragility
returns with wind-blown blossom.

Keeping Watch

She is silently
watching the flames transfigure
her face in the coals.

Night

Candle set in stone
spreads legendary shadows
over your new grave.

August

Beautiful country
on the rim of a hostile
sun winding into this heart.

Winter

See the ruined sky,
distant landscape that is burning
everything I loved.

The Lost Brooch

Newport, County Mayo, August 1993.

As I remember it,
there were oak trees
on both sides of a gravel
path, the stones were wet.

We had not sought shelter,
only tea and talk
in Newport House,
its windows open, beckoning.

There was no such welcome,
being a festival day
in the small town, visitors
of all kind around.

Through stalls and barrows,
oysters, balloons and painted faces,
we wove a steady path,
found a coffee shop and then

you entered with your friend
whose name, Hazel, reminded me
of childhood, a lake,
a wood, my white bicycle, plain bread.

"And what is it you've lost?"
I eyed you warily and reached
across my breast, my gaze
never leaving your face.

You held it out to me
in all its round, moon-gold glory,
the hooped brooch bought in Amsterdam,
a lover's gift, a pledge.

I took it from you, examined
the weakened pin. Sunlight
filled the place, encircled us.
We drank our tea, later wine

and time became an acorn
in a green case, floating
on a river in full flood
rising, falling before our eyes.

One for Sorrow

One magpie rests on a winter bush.
Crows scavenge a stubble field.

From where I am I cannot see or hear you.
The train moves west. You disappear.
Yet the wool I feel beneath my fingers
is the wool of your coat.

You stood outside the door,
shaded your eyes and said
"the blackbird, it's the blackbird I hear!"

Formación Cívica y Ética

Quinto grado

SEP

SECRETARÍA DE
EDUCACIÓN PÚBLICA

Esta edición de *Formación Cívica y Ética. Quinto grado* fue desarrollada por la Dirección General de Materiales Educativos (DGME) de la Subsecretaría de Educación Básica, Secretaría de Educación Pública.

Secretaría de Educación Pública
Alonso Lujambio Irazábal

Subsecretaría de Educación Básica
José Fernando González Sánchez

Dirección General de Materiales Educativos
María Edith Bernáldez Reyes

Coordinación técnico-pedagógica
Dirección de Desarrollo e Innovación de Materiales Educativos, DGME/SEP
María Cristina Martínez Mercado, Ana Lilia Romero Vázquez

Coordinación académica
Universidad Nacional Autónoma de México:
Lilian Álvarez Arellano

Autores
Universidad Nacional Autónoma de México:
Lilian Álvarez Arellano, Patricia Ávila Díaz, Bulmaro Reyes Coria
Universidad Pedagógica Nacional:
Valentina Cantón Arjona, Adriana Corona Vargas
Escuela Normal Superior de México:
María Esther Juárez Herrera
Universidad del Valle del México:
Norma Romero Irene

Asesoría
Instituto de Investigaciones Filológicas/UNAM:
Rubén Bonifaz Nuño

Corrección de estilo
Instituto de Investigaciones Filológicas, UNAM:
Jesús Gómez Morán

Revisión pedagógica
Ana Hilda Sánchez Díaz, Leticia Araceli Martínez Zárate, Ana Cecilia Durán Pacheco, Ángela Quiroga Quiroga

Coordinación editorial
Dirección Editorial, DGME/SEP
Elena Ortiz Hernán Pupareli, Alejandro Portilla de Buen, Isabel Galindo Carrillo

Investigación iconográfica
Claudia C. Lasso Jiménez, Laura Raquel Montero Segura, Edgar Estrella Juárez

Portada
Diseño de colección: Carlos Palleiro
Ilustración de portada: Ericka Martínez

Primera edición, 2008
Tercera edición, 2010
Primera reimpresión, 2011 (ciclo escolar 2011-2012)

D.R. © Secretaría de Educación Pública, 2008
Argentina 28, Centro,
06020, México, D.F.

ISBN: 978-607-469-404-8

Impreso en México
DISTRIBUCIÓN GRATUITA-PROHIBIDA SU VENTA

Servicios editoriales
Margen, Servicios Editoriales

Diseño gráfico
Francisco Ruiz Herrera, Raúl Cuellar Moreno

Ilustraciones
Jacqueline Velázquez González (pp. 18, 22, 23, 24, 25, 26, 27, 28, 29, 30, 31, 48, 49, 50, 51, 52, 53, 70, 71, 72, 73, 74, 75, 76, 77, 92, 93, 94, 95, 96, 97, 98, 99, 114, 115, 116, 117, 118, 119, 120, 121, 123), Renato Válery Rodríguez Hernández (pp. 8-9, 16-17, 20, 32-33, 40, 41, 54-55, 63, 64-65, 78-79, 89, 91, 100-101, 108), Julián Cicero Olivares (pp. 46, 47), Idea original de las ilustraciones: Alex Echeverría (pp. 22-23, 70-71, 92-93, 114-115).

Apoyo institucional
Centro de Investigación para el Desarrollo, A. C.; El Colegio de México; Comisión de Derechos Humanos del Distrito Federal; Comisión Nacional del Deporte; Comisión Nacional para el Desarrollo de los Pueblos Indígenas; Comisión Nacional para Prevenir la Discriminación; Confederación de Cámaras Industriales, Comisión de Educación; Congreso de la Unión, Cámara de Diputados, Comisión de Educación Pública y Servicios Educativos; Ejército y Fuerza Aérea; Universidad del Ejército y Fuerza Aérea; Fundación Ahora, A. C.; Iniciativa Ciudadana para el Diálogo Democrático; Instituto Electoral del Distrito Federal; Instituto Federal de Acceso a la Información; Instituto Federal Electoral, Dirección Ejecutiva de Capacitación Electoral y Educación Cívica; Instituto Mexicano de la Juventud; Instituto Nacional de Antropología e Historia, Dirección de Museos y Laboratorio de Geofísica; Instituto Nacional del Derecho de Autor; Instituto Nacional de las Mujeres; Instituto Nacional de Lenguas Indígenas; Mexicanos Primero; México Unido contra la Delincuencia; Navega Protegido en Internet; Secretaría de Educación Pública, Coordinación General de Educación Intercultural Bilingüe, Dirección de Relaciones Internacionales, Escuela Segura y Unidad de Planeación y Evaluación de Políticas Educativas; Secretaría del Medio Ambiente y Recursos Naturales, Centro de Educación y Capacitación para el Desarrollo Sustentable; Servicios a la Juventud, A. C.; Sistema Nacional para el Desarrollo Integral de la Familia, Dirección General de Enlace Interinstitucional; Suprema Corte de Justicia de la Nación; Universidad Nacional Autónoma de México, Instituto de Investigaciones Filológicas, Instituto de Investigaciones Jurídicas; Secretaría de Gobernación, Dirección General de Cultura y Formación Cívica, Dirección General de Protección Civil; Secretaría de Marina, Dirección General Adjunta de Educación Naval; Secretaría de Relaciones Exteriores, Archivo Histórico; Secretaría de Salud, Subsecretaría de Prevención y Promoción de la Salud; Secretaría del Trabajo y Previsión Social; Transparencia Mexicana; Fondo de las Naciones Unidas para la Infancia (UNICEF). Los conceptos jurídicos y de formación ciudadana se elaboraron en conjunción con el Instituto Federal Electoral y el Instituto de Investigaciones Jurídicas de la Universidad Nacional Autónoma de México; los relacionados con el cuidado de la salud y el desarrollo, con la Secretaría de Salud. El Centro de Educación y Capacitación para el Desarrollo Sustentable brindó las definiciones de su campo. El Instituto Federal Electoral desarrolló los contenidos de participación ciudadana y la glosa de la Constitución Política de los Estados Unidos Mexicanos.

Participaron los siguientes ciudadanos: Isidro Cisneros, Germán Dehesa, Enrique Krauze (El Colegio Nacional), Cecilia Loría Saviñón, Armando Manzanero, Eduardo Matos Moctezuma (El Colegio Nacional), Mario José Molina Henríquez (El Colegio Nacional), Carlos Monsiváis y Adolfo Sánchez Vázquez.

Agradecimientos
La SEP extiende un especial agradecimiento a la Universidad Pedagógica Nacional (UPN), por su participación en el desarrollo de esta edición.

Se agradece la atenta lectura de más de 38 mil maestras, maestros y autoridades educativas y sindicales, quienes participaron en las jornadas de exploración de material educativo de todo el país, y expresaron sus puntos de vista en la página web armada para ello. Asimismo, las revisiones y comentarios de la Universidad Autónoma Metropolitana (UAM), del Instituto Federal Electoral, de los miembros del Consejo Consultivo Interinstitucional para la Educación Básica y el constituido para revisar el diseño curricular del Programa Integral de Formación Cívica y Ética, así como la revisión de El Colegio de México.

Presentación

La Secretaría de Educación Pública, en el marco de la Reforma Integral de la Educación Básica, plantea una propuesta integrada de libros de texto desde un nuevo enfoque que hace énfasis en la participación de los alumnos para el desarrollo de las competencias básicas para la vida y el trabajo. Este enfoque incorpora como apoyo Tecnologías de la Información y Comunicación (TIC), materiales y equipamientos audiovisuales e informáticos que, junto con las bibliotecas de aula y escolares, enriquecen el conocimiento en las escuelas mexicanas.

Después de varias etapas, en este ciclo se consolida la Reforma en los seis grados y, en consecuencia, se presenta esta propuesta completa de los nuevos libros de texto, que abarca la totalidad de las asignaturas en todos los grados.

Este libro de texto incluye estrategias innovadoras para el trabajo escolar, demandando competencias docentes orientadas al aprovechamiento de distintas fuentes de información, el uso intensivo de la tecnología, la comprensión de las herramientas y de los lenguajes que niños y jóvenes utilizan en la sociedad del conocimiento. Al mismo tiempo, se busca que los estudiantes adquieran habilidades para aprender de manera autónoma, y que los padres de familia valoren y acompañen el cambio hacia la escuela mexicana del futuro.

Su elaboración es el resultado de una serie de acciones de colaboración, como la Alianza por la Calidad de la Educación, así como con múltiples actores entre los que destacan asociaciones de padres de familia, investigadores del campo de la educación, organismos evaluadores, maestros y expertos en diversas disciplinas. Todos han nutrido el contenido del libro desde distintas plataformas y a través de su experiencia. A ellos, la Secretaría de Educación Pública les extiende un sentido agradecimiento por el compromiso demostrado con cada niño residente en el territorio nacional y con aquellos que se encuentran fuera de él.

Secretaría de Educación Pública

Índice

Formación Cívica y Ética • Quinto grado

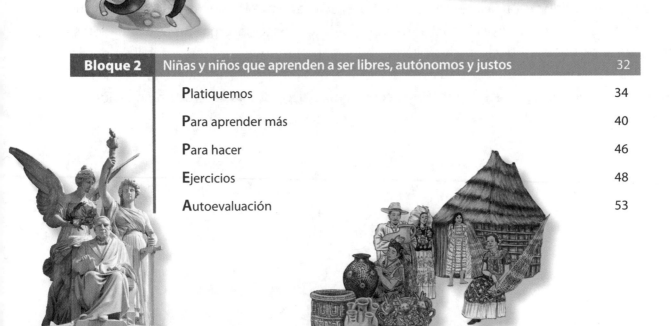

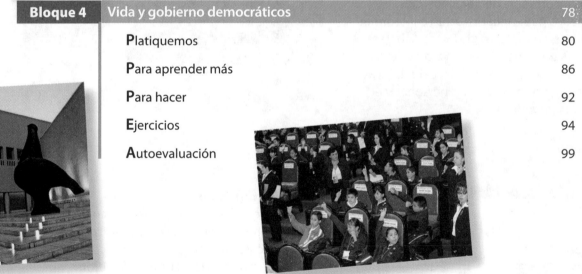
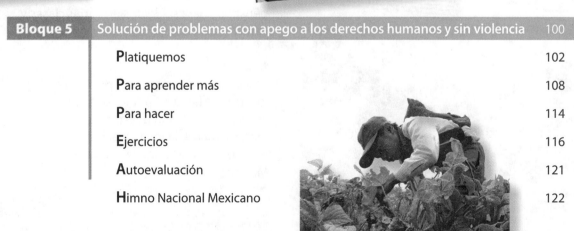

Conoce tu libro

Niña, niño:

Con la asignatura de Formación Cívica y Ética podrás desarrollar algunas competencias necesarias para tu vida personal, familiar y social como niña o niño de México. El libro de texto que ahora tienes en tus manos está integrado por diferentes secciones en las que se te presenta información para facilitar tu trabajo académico en el aula.

En este grado recordaremos el periodo de la Reforma liberal como parte del patrimonio histórico de tu pueblo. El propósito de las lecciones y ejercicios que se te proponen es que te reconozcas como persona digna y valiosa, portadora de derechos, con habilidades para cuidar su salud e integridad personales, conocedora de las tradiciones culturales de su país y de los valores de la democracia, y capaz de establecer relaciones de respeto y cuidado con las personas y el medio que le rodean.

Las secciones que integran tu libro son:

Portada del bloque
Aquí encontrarás el nombre y propósitos de cada bloque.

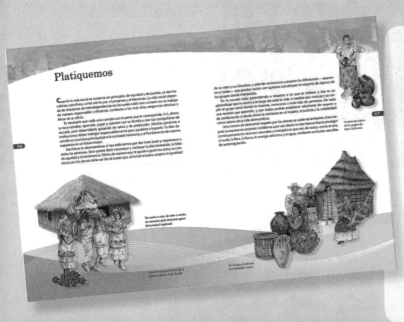

Platiquemos
En esta sección se presentan con claridad y precisión los conceptos básicos necesarios para aprender los contenidos de cada bloque. Los textos fueron pensados para ser leídos en varias clases y con la ayuda de tu maestra o maestro.

Cenefa
Son las imágenes que se muestran a lo largo de la sección "Platiquemos". Éstas impulsarán tu deseo de saber más, mediante la investigación, sobre el patrimonio y la riqueza cultural de México.

Para aprender más

En estas páginas encontrarás textos elaborados especialmente para ti por instituciones y asociaciones civiles. Te ayudarán en la comprensión y aplicación de los contenidos de la asignatura. Son materiales que te invitan a profundizar en los temas y a reflexionar.

Para hacer

En esta sección se te explican brevemente algunos procedimientos y técnicas necesarios para el desarrollo de tus competencias cívicas y éticas.

Ejercicios

Amplía tu dominio de las competencias éticas y cívicas en estas páginas.

Autoevaluación

Es un ejercicio para que veas cómo se han desarrollado tus competencias y actitudes.

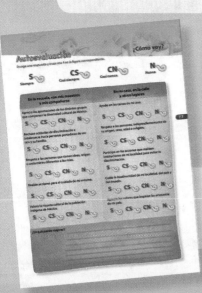

Niñas y niños que construyen su identidad y previenen riesgos

Con el aprendizaje y la práctica podrás:

- Distinguir los cambios de crecimiento que estás viviendo.
- Reconocer las influencias de personas y medios de comunicación sobre tu manera de pensar, y tener una postura crítica para saber si son convenientes o no.
- Cuidar tu salud y tomar medidas contra la adicción al alcohol, al tabaco y a las drogas.

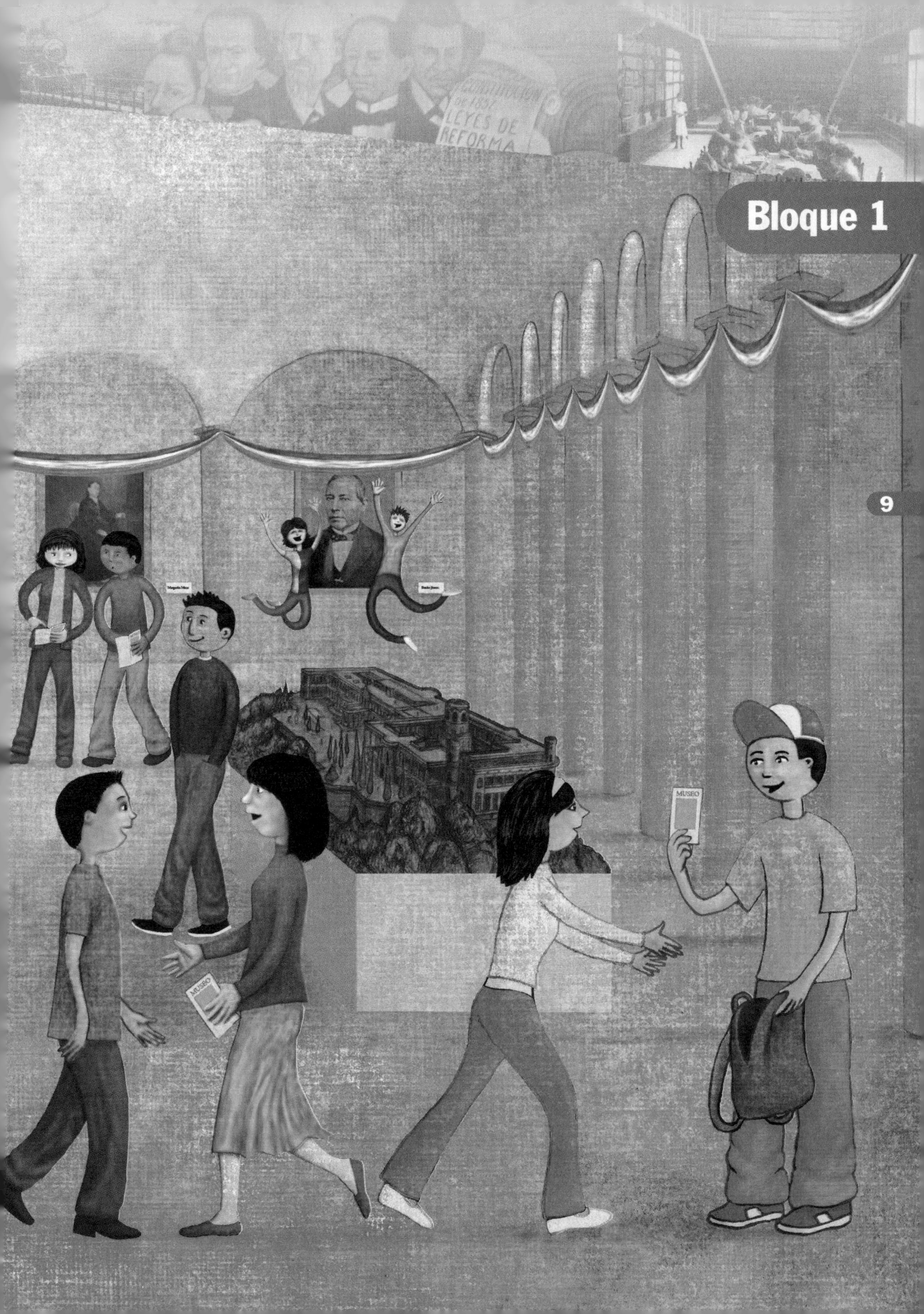
LEYES DE
REFORMA
MUSEO
MUSEO

Platiquemos

Comienzas este nuevo año escolar con un mayor conocimiento de tu cuerpo, tus emociones y tu entorno social. A la etapa de la vida en que te encuentras se le llama *pubertad*. En esta etapa, que comienza a desarrollarse entre los 9 y los 12 años, ocurrirán importantes cambios en tu desarrollo, provocados por la producción de hormonas de tu cuerpo.

Los cambios son diferentes en hombres y mujeres, y no ocurren todos al mismo tiempo. En su aparición influyen factores genéticos, ambientales y de nutrición, entre otros. Algunos niños crecen rápidamente, aumentan de peso y parecen más fuertes; otros se tardan un poco más o crecen menos. Las niñas también aumentan de estatura, sus senos crecen y se ensanchan sus caderas. En ambos sexos aparece vello en las axilas y en el pubis. Los órganos sexuales de cada uno maduran. La reproducción es posible cuando se producen la primera menstruación o menarquia en las mujeres y la primera eyaculación en los hombres. Es entonces cuando se inicia la etapa de la vida llamada *adolescencia*.

Heriberto Frías (1870-1925), escritor y periodista, luchó incansablemente por la libertad. En la Biblioteca del Niño Mexicano narró episodios históricos de nuestro país para contribuir a la formación cívica y ética de la infancia.

Estos cambios son parte del crecimiento de todo ser humano, y van apareciendo paulatinamente al tiempo que se abandona la etapa infantil. Cada niña y cada niño van definiendo rasgos especiales diferentes. Tus intereses también cambian, porque empiezas a buscar nuevas actividades además de las que antes te parecían interesantes y divertidas.

Pero no sólo tu físico se transforma, también tu capacidad de comprensión se incrementa, como lo notas al realizar con mayor facilidad abstracciones; es decir, razonamientos sobre cosas que no se pueden tocar, sino que se construyen en el pensamiento, como por ejemplo un símbolo, una metáfora o una operación matemática. Se ve tu desarrollo en tu capacidad para exigir tus derechos y reconocer los de todas las personas, cumplir con tus obligaciones, exponer y defender tus ideas, así como para disponer de tu tiempo y trabajo para conseguir tus metas.

Después de la Independencia, México sufrió guerras e invasiones extranjeras.

Tu pensamiento también madura porque desarrollas nuevas capacidades para analizar un hecho o circunstancia, y para decidir si tu manera de actuar es correcta o incorrecta. Se ha ampliado tu capacidad de argumentar razonadamente tu posición.

En la etapa de la pubertad las personas tienden a ser más solidarias, porque ya piensan más en los demás y toman en cuenta sus necesidades e ideas. Son capaces de reconocer los derechos de los otros y de respetar acuerdos, aun cuando eso signifique renunciar a lo que los podría beneficiar de manera personal.

En ese reconocimiento de los derechos de los otros es importante que tomes en cuenta que cada persona es diferente y que no deben ser objeto de burla la apariencia, las ideas o la forma de pensar que cada una tenga. Cuando se pone apodos a los compañeros o hay burlas por su apariencia física, se demuestra una falta de respeto que hiere la dignidad de las personas, lo que puede hacerlas sentir mal. Es fundamental que reconozcas, evites y rechaces cualquier burla o falta de respeto porque nadie merece ser tratado de esa manera.

Además del sufrimiento, la pobreza y las muertes provocados por la guerra, México perdió más de la mitad de su territorio.

Mientras más conozcas el desarrollo de tu cuerpo y tu pensamiento, sentirás mayor seguridad. Al cuidarte y dar cada vez más atención a tu salud, estarás madurando y propiciando tu bienestar. En este proceso podrás ir analizando todas esas ideas para definir las tuyas.

En la idea que tienes de ti y de tu desarrollo influyen diferentes personas y medios. Buena parte de tus ideas las has construido a partir de lo que piensan las personas que están cerca de ti, como son familiares, maestros, vecinos y amigos.

Los medios de comunicación también tienen influencia en ti. Como habrás notado, brindan imágenes y noticias del mundo. Ofrecen información y entretenimiento, pero a veces presentan versiones deformadas o estereotipadas de diferentes grupos humanos. Es decir, muestran comportamientos o apariencias de las personas que no consideran la totalidad y variedad de sus características. Eso es un estereotipo.

Al conocer la cultura de otras naciones o pueblos, y valorar sus ideas y costumbres, puedes darte cuenta del infinito número de posibilidades del ser humano, y sobre todo de la relevancia de que conserves tu identidad cultural, construida a lo largo de la historia de tu pueblo, la nación mexicana.

Es necesario que aprendas a analizar las imágenes de las publicaciones o de la televisión que promueven estereotipos de niños que, entre otras cosas, desconocen o incluso desprecian los rasgos físicos y culturales de los mexicanos u otros pueblos del mundo. Siéntete orgulloso de tus rasgos y medita sobre las inconveniencias de aceptar estereotipos.

En general, los estereotipos generan incomprensión y desprecio, por lo que es necesario analizarlos y no caer en prejuicios, es decir, apreciaciones sin fundamento. Los estereotipos y prejuicios suelen generar actitudes equivocadas.

Tener una actitud crítica ante las imágenes de las publicaciones o de la televisión ayuda a plantearte metas libres de estereotipos. También a detectar y rechazar los estereotipos que ponen en riesgo tu imagen y tu salud.

En muchos países, incluyendo el nuestro, los púberes de tu edad se enfrentan en los medios y en la sociedad a ofertas y presiones para consumir cigarro, alcohol y otras sustancias adictivas que destruyen la salud y la voluntad de las personas.

Algunos jovencitos empiezan a fumar por influencia de alguno de sus amigos.

Son varios los motivos que llevan a algunas personas a probar sustancias adictivas: la curiosidad; la creencia equivocada de que tomando, fumando o drogándose se acaban los problemas; la falta de información acerca de las graves consecuencias de su consumo; el hecho de que pueden conseguirse y la insistencia de los vendedores.

Es importante que aprendas a cuidarte para no poner en riesgo tu salud. Puedes comentar con tus maestros, padres y amigos cómo cuidarla y cómo evitar las adicciones.

Para tu sano desarrollo algunas medidas que puedes seguir son estudiar, alimentarte adecuadamente, hacer ejercicio y divertirte con juegos, bailes, deportes, lecturas que desarrollen tu imaginación y que te informen. Busca amigos que te respeten y valoren. Participa en las diferentes actividades de los grupos a los que perteneces. Disfruta de la compañía y los consejos de tu familia. Todo esto te enriquecerá.

Algo útil para sentirte muy bien es cooperar con quienes más lo necesiten. Si brindas tu ayuda a quien la requiere, te darás cuenta de lo mucho que tu apoyo significa. Además, vas a aprender que el trato solidario ennoblece la convivencia y ayuda a construir una sociedad mejor.

Para aprender más

Pubertad

Pubertad es el nombre dado al tiempo en que tu cuerpo pasa por los cambios que te convierten de niño o niña en persona adulta.

Durante la pubertad —que se presenta a una en hombres entre los 10 a 14 años y en mujeres de 10 a 15 años— hay cambios biológicos cuya aparición depende de factores genéticos, raciales, socioeconómicos, nutricionales, de constitución física y geográficos. El cuerpo se transforma en un organismo capaz de reproducirse. Las gónadas (glándulas sexuales) incrementan sus funciones. Cambia la voz y aparece el vello en el pubis y las axilas. Durante este periodo se acelera o desacelera el crecimiento de los huesos y una gran parte de los órganos internos. También se fortalecen los músculos. La grasa aumenta y se distribuye de diferente manera, según la persona sea hombre o mujer. Los sistemas respiratorio y cardiovascular se desarrollan y se incrementan las capacidades de fuerza y resistencia, sobre todo en el hombre.

Secretaría de Salud

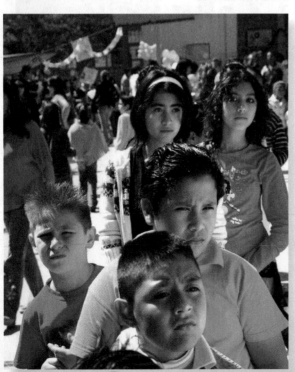

Proyecto de vida saludable

Entre otras cosas, ser sano implica tomar la decisión de querer serlo. La salud no sólo es un don de la naturaleza, sino un proyecto de vida. Incluye muchas cosas como hábitos, costumbres, tradiciones (por ejemplo, la manera de comer) y formas de vida sociales. Esto no sólo es responsabilidad de cada individuo, sino de toda la población. La salud es un asunto público.

Un proyecto de vida saludable significa actuar para satisfacer nuestras necesidades y alcanzar una vida con bienestar individual y social.

Es conveniente evitar aquello que pone en riesgo nuestra salud y realizar acciones que la protegen: vacunarnos, ir al médico, visitar al dentista. También es necesario saber qué queremos para fijarnos metas. En este aspecto, dediquémonos a estudiar gustosos y descubramos el regalo del conocimiento. Todo esto ayuda a sentirnos sanos y querernos, para fortalecer nuestra autoestima y consolidar el sentido de pertenencia y nuestra identidad. Para cuidar nuestro cuerpo, pongamos atención a nuestra alimentación y hagamos ejercicio.

Asimismo, recordemos que algunos factores de riesgo para la salud son el alcoholismo, el tabaquismo, el abuso de medicamentos y el estrés (tener preocupaciones con angustia o ansiedad). Estemos atentos a prevenir la hipertensión y la diabetes. Busquemos la alegría en bailes, deportes, juegos o programas de bienestar, salud, educación, cultura y en todo tipo de diversiones.

Secretaría de Salud

Integridad y seguridad física y emocional

El derecho a la integridad personal es la facultad de hacer o exigir aquello que la ley establece en nuestro favor para una vida con respeto y sano desarrollo. Es el derecho que tenemos a ser cuidados tanto física como mentalmente. La integridad comprende los niveles físico, psíquico y moral.

La integridad física se refiere al cuidado de todas las partes y tejidos del cuerpo para tener buena salud. La integridad psíquica es la conservación de las habilidades motrices, emocionales e intelectuales. La integridad moral hace referencia al derecho de cada ser humano a vivir de acuerdo con sus convicciones, siempre y cuando no se perjudique a nadie.

De acuerdo con el derecho a la integridad, nadie puede ser lesionado o agredido físicamente, ni ser víctima de daños mentales que afecten el bienestar psicológico.

Este derecho es de carácter internacional desde el Estatuto del Tribunal Militar de Nuremberg de 1945, la Declaración Universal de Derechos Humanos de 1948 (artículo 5) y los Convenios de Ginebra de 1949 relativos a los conflictos armados (protocolo II, artículo 4).

Secretaría de Salud

Adicciones

Adicción o dependencia es el conjunto de cambios de la conducta, del pensamiento y del cuerpo que surgen después del consumo repetido de una sustancia psicoactiva (alcohol, tabaco o fármacos, por ejemplo).

La Organización Mundial de la Salud explica que la adicción es una enfermedad mental y crónica caracterizada por recaídas frecuentes. Las causas de esta enfermedad son genéticas, psicosociales y ambientales.

Una droga, un fármaco o medicamento es cualquier sustancia que altere un proceso del cuerpo (alguien bajo estas influencias puede tambalearse al caminar y no hablar coherentemente). Es psicoactiva cuando quien la ingiere cambia sus emociones (entre otras, se manifiestan euforia, olvido o tristeza sin causa). Las medicinas combaten la enfermedad, aumentan la resistencia física o modifican la respuesta ante enfermedades pero, el uso excesivo de un medicamento que por sí mismo puede causar alteración de la conducta, llega a ser perjudicial para la salud y se considera una droga.

Popularmente, el término "droga" se emplea para las sustancias de uso ilegal y productoras de psicoactividad. Sin embargo, también se consideran drogas el alcohol y el tabaco porque dañan la salud. Las drogas son sustancias que modifican una o varias formas de comportamiento, hacen que quienes las toman repitan el consumo, primero usándolas, luego abusando de ellas. Es difícil dejarlas porque hacerlo produce malestares como ansiedad, angustia, temblores, etcétera. Esto se llama síndrome de abstinencia. Las drogas no son curativas y en caso de que sean medicamentos, por la manera equivocada de usarlos, te enferman en vez de sanarte.

Secretaría de Salud

Plan familiar de protección civil

Un plan de protección civil es una guía para que tú y tu familia sepan qué acciones realizar para proteger su seguridad y su bienestar antes, durante y después de una emergencia o desastre.

Hacer una revisión y preparar un plan ayudará a tu familia a valorar qué tan segura son su casa y sus alrededores para mejorar sus condiciones de seguridad en caso de ser necesario. También servirá para diseñar rutas de evacuación y salidas para alejarse de los peligros.

Ésta es tarea de los adultos, pero conviene que participen todas las personas que conviven en tu familia, y que tomen en cuenta las necesidades especiales de cada uno.

Para elaborar el plan familiar, se recomiendan los siguientes pasos:

a. Se hace un plan familiar para detectar riesgos. Se deben detectar peligros internos (dentro de tu casa) y externos o circundantes. Pueden ser sustancias inflamables almacenadas, tanques de gas, roturas o desniveles del piso, rejas, cables tendidos, macetas o jardineras u otros objetos que puedan causar daños en caso de sismo, inundación, incendio o huracán.

b. Se reducen los riesgos. Almacenen adecuadamente las sustancias inflamables y los objetos que pudieran salir proyectados en caso de huracán y mantengan en buen estado los tanques.

c. Se diseñan rutas de salida. Para ello, imaginen algunas condiciones de emergencia probables en su localidad.

d. Se prepara un plan de acción en caso de emergencia o desastre. Se fijan las rutas de salida y se conviene un punto de reunión para la familia. Se estudia cuáles son los servicios de salud más cercanos y la mejor manera de llegar a ellos.

e. Se guardan documentos importantes y objetos necesarios en un lugar seguro. Por ejemplo, las llaves de la casa se pueden guardar en una bolsa de plástico; los documentos, en un archivero portátil, resistente al agua y al fuego. También es recomendable obtener copias de los documentos importantes y guardarlos en casa de un pariente o amigo.

El Centro Nacional de Prevención de Desastres (Cenapred) ayuda a la población para estar preparada ante la ocurrencia de un desastre, difundiendo la cultura de la protección civil a través de folletos, carteles y actividades.

Éste es el símbolo universal de la protección civil

18

Discapacidad

f. Es conveniente tener a la mano registro de los tipos de sangre de cada integrante de la familia y de los medicamentos a los cuales son alérgicos. De ser posible, tengan una caja de herramientas para las reparaciones de emergencia y un botiquín de primeros auxilios.

g. Se deja al alcance una linterna de mano y un radio con pilas de repuesto, se identifican posibles refugios y se almacenan víveres en lata y agua para dos días. Esto debe renovarse periódicamente, según sus fechas de caducidad.

h. Se recomienda que todos los integrantes de la familia participen en la elaboración del plan familiar de protección, que lo conozcan y que realicen conjuntamente un simulacro de emergencia. Así, si ésta llega a presentarse, todos estarán preparados para enfrentarla y cuidar su bienestar.

Secretaría de Gobernación

Se entiende por discapacidad cualquier restricción o impedimento de las capacidades físicas o mentales del individuo para la realización de una actividad. Puede ser temporal, permanente o reversible, o surgir como consecuencia de una enfermedad o accidente. Las discapacidades limitan la realización de acciones esenciales de la vida diaria y pueden ser causadas o agravadas por el entorno económico y social.

Una forma de apoyar a las personas con discapacidad consiste en dar servicios y asistencia para que puedan integrarse de la mejor manera a las actividades de la sociedad.

La Ley General de las Personas con Discapacidad reconoce los derechos humanos de estas personas y manda que se tomen medidas para protegerlas y darles un trato digno.

Según el artículo 7, las personas con discapacidad tienen derecho a servicios públicos para la atención de su salud y rehabilitación integral.

Secretaría de Salud

19

Factores que generan violencia en la comunidad

Hay muchas razones que pueden hacer que una comunidad sea violenta. En la sociedad hay familias que sufren de violencia. Asimismo hay personas que no tienen respeto por la ley ni por las normas cívicas de convivencia, es decir, no sienten la comunidad como suya y no se preocupan ni trabajan por ella. Esto causa que haya grupos agresivos que se apoderan de los espacios públicos y que generan actos que afectan y traen consecuencias graves a la población.

También pueden ser comunidades violentas aquellas cuyos habitantes beben mucho alcohol, donde hay problemas de narcomenudeo, drogas o pandillas callejeras.

Muchas personas cometen actos violentos como una manera de expresar su enojo, su resentimiento y sus frustraciones. Otras los usan para controlar y demostrar que tienen fuerza sobre los demás.

Es importante comprender que la violencia no es la manera más adecuada para dar solución a problemas o frustraciones. Existen otras formas de expresar lo que uno siente y de conseguir lo que uno quiere.

México Unido contra la Delincuencia

20

Tus derechos

Los derechos de los niños y las niñas son "un conjunto de principios y acciones para garantizar a las personas menores de 18 años que gocen y ejerzan sus derechos de protección, cariño, seguridad y bienestar. Los Estados y los adultos cubrirán sus necesidades básicas para que los niños logren un desarrollo físico, intelectual y moral adecuado".

Fondo de las Naciones Unidas para la Infancia

Actividad física, deporte y recreación

La actividad física se define como cualquier movimiento corporal que se realiza y que permite el gasto de energía que se almacena en el organismo, por ejemplo: correr, caminar, trotar, brincar la cuerda, jugar futbol, bailar, etcétera.

Sistematizada, se conoce como deporte: gimnasia, natación, ciclismo y otros.

El deporte es el conjunto de los ejercicios físicos que se presentan en forma de juegos individuales o colectivos, practicados bajo ciertas reglas.

Por recreación se entiende cualquier actividad realizada de manera espontánea en nuestro tiempo libre y que nos genera bienestar físico, espiritual, social, etcétera. Es una actividad que saca al individuo de su vida cotidiana, lo divierte, entretiene y distrae. Por ejemplo: paseos con los padres, hermanos y amigos.

Secretaría de Salud

Para hacer

Fichero de instituciones

Para responder a preguntas que son de tu interés o para informarte de los temas y tareas escolares, puedes acudir a instituciones que ofrecen servicios e información de gran utilidad.

Es importante identificar aquellas instituciones que, por medio de libros, folletos, Internet o pláticas, proporcionan información confiable para los trabajos de la escuela y para tomar decisiones importantes.

Es necesario que cuando uses Internet lo hagas con la autorización de tus papás o de otro adulto, y bajo su cuidado. Aprende a evitar los riesgos que presenta Internet y no des datos personales ni concertes citas con desconocidos.

En tu salón de clases puedes integrarte a un equipo y elaborar un fichero de instituciones. Así sabrás qué servicios les ofrecen y qué tipo de información proporcionan, así como los horarios de atención.

22

Secretaría de Medio Ambiente y Recursos Naturales (Semarnat)
www.semarnat.gob.mx

Fomenta la protección, la restauración y la conservación de los ecosistemas y recursos naturales, así como de los bienes y servicios ambientales, con el fin de propiciar su aprovechamiento y desarrollo sustentables.
Su página para niños es:
www.fansdelplaneta.gob.mx

Análisis

Para analizar un hecho o suceso puedes utilizar el juego de desempeño de papeles.

Al realizar este juego es relevante que cada uno tome en cuenta los sentimientos, emociones o razonamientos que cree que tiene el personaje que va a interpretar. Es una manera divertida de comprender por qué los personajes de la historia representada hicieron algo o tomaron ciertas decisiones; es un ejercicio de empatía.

Tu docente puede invitarte a un juego sobre un suceso histórico o un hecho que se esté desarrollado en la actualidad. En ese caso, primero elijan el episodio que deseen representar. Busquen información en los libros, periódicos y otros medios de comunicación como radio, televisión, Internet u otras fuentes para identificar las razones que tuvieron los protagonistas para tomar esas decisiones. Luego elaboren un guión teatral acerca del suceso seleccionado y lleven a cabo la representación.

Al finalizar el juego de desempeño de papeles o de "roles":

- Cada participante comenta cómo se sintió al interpretar a su personaje.
- El grupo comenta sus percepciones sobre el hecho o suceso y lo que le resultó más relevante.
- Se discute para identificar los valores positivos o negativos de cada personaje.
- Se trata de aclarar por qué ocurrió el suceso o las condiciones que propiciaron las decisiones tomadas.

Ejercicios

¡Estoy cambiando!

Completa el esquema con algunos de los cambios que hayas observado en tu persona: ¿Cómo eras en cuarto grado y cómo eres ahora?

Físicos

Estatura _____

Peso _____

Tamaño
del calzado _____

Mis cambios

Emocionales

Me siento
contento cuando _____
_____

Me enojo si
_____

Cuando estoy triste
_____

Sociales

Amigos nuevos de la
escuela
_____

Amigos nuevos del ve-
cindario
_____

Reflexiona.

¿Qué cambios han ocurrido en tu persona?
_____
_____
_____

¿De qué depende que esos cambios sucedan antes o después?
_____
_____
_____

Los estereotipos

Busca en las páginas 13 y 14 información relacionada con los estereotipos, y subráyala.

Organízate con tus compañeros y reúnan publicidad de revistas y periódicos dirigida a niños y niñas de tu edad. Recórtala y pégala aquí.

¿Cuál es la relación entre la información que leíste y las imágenes?
¿Te parece que está libre de estereotipos?

_____

_____

_____

En casa observa qué hacen las niñas y los niños de tu edad en un programa de televisión. Contesta las siguientes preguntas:

Nombre del programa _____

Personajes

¿Qué alimentos consumen?

¿A qué juegan?

¿Cómo se visten?

¿Cómo hablan?

¿Cómo se relacionan con los adultos?

Comenta en grupo y en tu casa la influencia de estos personajes en tu forma de ser, de pensar, de actuar y de vestir.

Piensa y contesta:

¿Tienen algo en común contigo los personajes de este programa?
_____
_____
_____

¿Promueve este programa el cuidado de la salud?
_____
_____
_____

Lo que pasa en el programa, ¿ayuda a mejorar tus relaciones con tu familia?
_____
_____
_____

¿Hay en este programa hechos o cosas que te gustaría tener en tu vida?
_____
_____
_____

¿Encontraste algún estereotipo? ¿Cuál? ¿Qué dirías para romper ese estereotipo?
_____
_____
_____

Adicciones

Lee el texto "Adicciones" en la página 17, e investiga en un centro de salud qué es una droga, qué son las adicciones y qué consecuencias tienen para la salud.

Con la información que obtuviste, completa el siguiente cuadro.

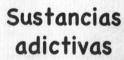

Sustancias adictivas

Bebidas alcohólicas   Consecuencias

Tabaco   Consecuencias

Drogas ilícitas   Consecuencias

Comenta con tus compañeros de grupo los riesgos que se corren al consumir bebidas alcohólicas, tabaco o drogas. Propón ideas que ayuden a evitar su consumo. Responde.

¿Conoces a algún amigo que fume o quiera empezar a hacerlo? ¿Qué le aconsejarías?

_____
_____
_____

Si alguien te invitara a fumar o a tomar, ¿qué le dirías?

_____
_____
_____

¿Cómo usas tu tiempo libre?

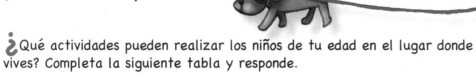

¿Qué actividades pueden realizar los niños de tu edad en el lugar donde vives? Completa la siguiente tabla y responde.

	Actividad
Deportiva	
Social	
Cultural	
Recreativa	

En donde vives, ¿hay lugares públicos donde te puedas divertir? ¿Cuáles son?

_____

_____

_____

Haz un dibujo de ti realizando una de tus actividades favoritas. Reflexiona cómo contribuye esa actividad a tu desarrollo.

La biblioteca del niño mexicano

Observa las imágenes de la Biblioteca del Niño Mexicano de Heriberto Frías. Pídele a tu docente que te cuente cómo Guillermo Prieto defendió al presidente Juárez diciendo "¡Los valientes no asesinan!", y dibuja ese episodio de la historia nacional.

Con ayuda de tu docente, ingresa a la página web del bicentenario de la Independencia y del centenario de la Revolución: http://www.bicentenario.gob.mx/bdbic/
Ahí puedes consultar estos libros. Reflexiona acerca de los pasajes de tu historia nacional.

Autoevaluación

Escoge la respuesta que mejor describe tu desempeño y traza una ✔ en el pergamino correspondiente.

S Siempre

CS Casi siempre

CN Casi nunca

N Nunca

En la escuela, con mis maestros y mis compañeros

Observo los cambios que ocurren en mi cuerpo y en mis emociones.

S CS CN N

Respeto las diferencias de desarrollo físico que se presentan entre las personas de mi grupo.

S CS CN N

Reconozco que mi imagen y actitudes no tienen por qué coincidir con los estereotipos publicitarios.

S CS CN N

Reconozco que la influencia de los estereotipos afectan los derechos humanos de los demás.

S CS CN N

Identifico qué hacer para evitar el uso de cualquier sustancia adictiva.

S CS CN N

Practico actividades recreativas y deportivas que ayudan a rechazar las adicciones y a conservar la salud.

S CS CN N

En mi casa, en la calle y otros lugares

Muestro confianza y aceptación ante los cambios que ocurren en mi cuerpo y en mis emociones.

S CS CN N

Respeto las características físicas de vecinos o parientes de mi edad.

S CS CN N

Distingo la información que es favorable para mi desarrollo personal de aquella que presenta ideas falsas.

S CS CN N

Practico acciones para prevenir las adicciones.

S CS CN N

Participo en actividades que contribuyen a mi sano desarrollo físico.

S CS CN N

Identifico el daño que causa a la salud el uso de drogas.

S CS CN N

¿En qué puedo mejorar?

Niñas y niños que aprenden a ser libres, autónomos y justos

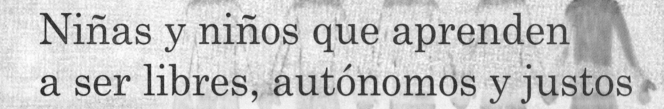

Con el aprendizaje y la práctica podrás:

- Aprender a controlar tus emociones para no lastimarte ni lastimar a otros.
- Comprender que la libertad se expresa de diversas maneras y para ejercerla se establecen prioridades.
- Identificar y describir las relaciones sociales de las personas y los grupos.

Platiquemos

Cuando naciste, no sabías que eras libre, que tenías derechos, ni cómo cuidarte. Para establecer comunicación con tus padres, para pedir alimento u otro tipo de cuidados y caricias, llorabas. No tenías otra forma de expresarte ni de comunicar tus necesidades. Acuérdate de aquellos momentos cuando, más adelante en tu infancia, no considerabas si era justa o injusta tu manera de actuar.

Al crecer has aprendido a pedir lo que necesitas y a comunicarte con los demás sin llorar o gritar; además, procuras comer antes de sentir demasiada hambre y dormir lo suficiente para cuidar tu salud. Pero esto no es lo único que ha cambiado.

Con la pubertad se desarrolla la necesidad de autonomía y la búsqueda de justicia que caracterizan al ser humano desde que empieza a hacer uso de su razón. También se hace mayor la necesidad de encauzar las emociones y los sentimientos en la vida social.

Benito Juárez es un claro ejemplo de lucha por la libertad, la autonomía y la justicia.

Monumento Hemiciclo a Juárez, Ciudad de México

Tu capacidad de expresión para comunicar claramente lo que necesitas, piensas y sientes te ayuda a dar a conocer a los demás tus emociones, ya sea alegría, tristeza, enojo, miedo o cualquier otra. Para ello es útil que mediante la lectura, el estudio y la conversación amplíes tu vocabulario.

Las hormonas que desencadenan cambios en tu cuerpo influyen en tu estado de ánimo. Así, de repente puedes sentirte triste o muy alegre; con deseos de platicar o de estar a solas. Esto es normal. Si sientes deseos de llorar, hazlo, a veces eso ayuda. Si te sientes feliz, refleja tu alegría en todo lo que hagas.

La expresión de sentimientos y emociones es una necesidad para cualquier persona y puedes hacerlo de muy diversas maneras, encauzando tus reacciones, sin explotar en contra de los otros y sin ofenderlos. Esto no significa que niegues tus emociones, sino que evites que se desborden en perjuicio tuyo o de los demás. Recuerda que las relaciones armónicas entre las personas son parte importante en la vida cotidiana.

A veces el enojo o el miedo pueden nacer de la incertidumbre que provoca tomar una decisión sobre algo de lo que no tienes seguridad o confianza. Si algo así te ocurre, platica con tu familia o con personas de tu confianza sobre cómo te sientes y qué te hizo sentir así, porque de contener tus emociones podrías dañar tu salud física y emocional, además de dificultar que los demás te comprendan.

Retrato de su esposa,
Margarita Maza

Banda presidencial
de Benito Juárez

Al tomar una decisión es importante identificar lo que es prioritario para ti. Establecer prioridades quiere decir meditar sobre qué es lo principal en un momento dado. Por ejemplo, para ti es muy importante asistir a una reunión con tus amigos, pero tu primo te invitó a su cumpleaños y además tienes que estudiar para una evaluación que te aplicarán al día siguiente. Cuando tienes que escoger, necesitas un criterio, una especie de medida o regla para decidir, que puede ser identificar los beneficios y consecuencias de cada alternativa, identificar cuál de ellas te haría sentir mejor, cuál podría perjudicarte o cuál podrías posponer.

Al tomar una decisión también influyen los valores y las metas que te has fijado. Así, tendrías que considerar, en este ejemplo, si es más importante la amistad, el cariño a tu primo o la necesidad de salir bien en la evaluación de la escuela.

La alternativa que elijas, por considerarla correcta y justa para ti y para los demás, ha de hacerte sentir bien, satisfecho y tranquilo porque la has razonado y sabes que fue la mejor.

Elegir libremente lo que quieres hacer implica una responsabilidad, pues tomar una decisión supone asumir las consecuencias positivas o negativas que tenga.

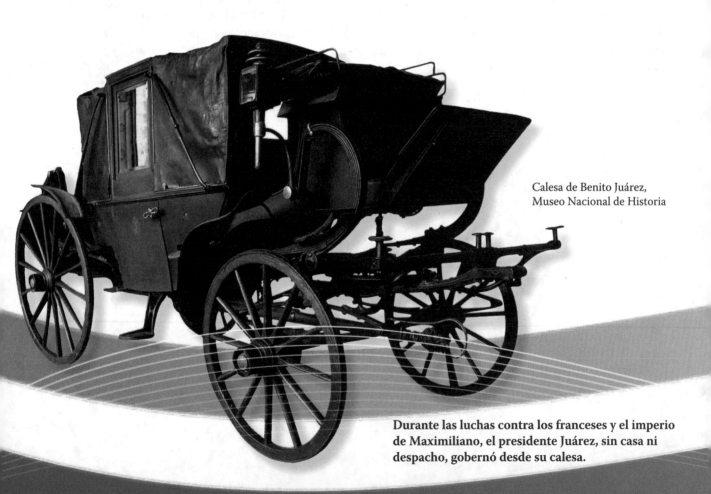

Calesa de Benito Juárez,
Museo Nacional de Historia

Durante las luchas contra los franceses y el imperio de Maximiliano, el presidente Juárez, sin casa ni despacho, gobernó desde su calesa.

La educación ayuda no sólo a las personas, sino también a los pueblos, a ejercer su libertad y a tomar decisiones sobre la mejor manera de actuar. La libertad de las naciones se llama soberanía, y para fortalecerla y asegurar que se ejerza es necesaria la educación de la sociedad. Por eso, el esfuerzo que tú realizas en este momento es tan importante.

El concepto de justicia es central para la convivencia humana, tanto entre las personas como entre los pueblos. Ninguno de nosotros se basta a sí mismo, lo que crea la llamada interdependencia. Pero esa necesidad de los otros y esas relaciones entre la gente han de ser de tal modo que impulsen a todos a mantenerse unidos en sociedad. El concepto de justicia ayuda a orientar la convivencia de personas y pueblos que se necesitan unos a otros de muchas y diferentes maneras.

Puedes entender el concepto de justicia como dar a cada uno lo que le corresponde conforme a derecho.

Para ti, actuar con justicia es dar trato justo a las personas. Ya sabes que eso significa mostrar tu sentido de igualdad y de respeto. Ese respeto se refiere a las características de las personas y a sus derechos.

Escudo nacional de la República en tiempos de Juárez

La gente mayor, al hablar de justicia, con frecuencia hace algunas distinciones que pueden llegar a serte útiles. Así, por ejemplo, distingue entre justicia distributiva y justicia retributiva. Vamos a ver un ejemplo de cada una.

Hay bienes y servicios que son imprescindibles. Un ejemplo es el agua. Procurar que todos tengamos agua es función de la justicia distributiva. Si alguien dañara un bien, el procedimiento para sancionar a esa persona y para que repare el daño sería preocupación de la justicia retributiva.

Son características de la justicia la imparcialidad, la igualdad y la equidad. Los actos son justos si se cuida que todos tengan los mismos derechos y las mismas obligaciones sin distinguir entre personas.

Procura aplicar estos conceptos en tu vida diaria con los demás. Verás que te ayudan a comprender por qué algunas te hacen sentir bien; otras, mejor; otras, mal, y tendrás criterios más firmes para actuar.

Así también, cuando los pueblos meditan sobre la justicia o la injusticia de sus actos o los de otros, aumentan las posibilidades de mejores condiciones de vida para todos. Al hacerlo, debemos considerar tanto las leyes como los derechos humanos.

Las personas y los pueblos conocen las leyes y aprenden a ejercer sus derechos mediante la educación. Por eso, no dejes de esforzarte en ella.

Mediante la educación, las personas y las sociedades establecen criterios y prácticas para vivir mejor. Uno de esos criterios es la justicia. Desde temprana edad

A la cabeza de los liberales, Benito Juárez opone la voz del pueblo al pensamiento conservador. Aquí vemos algunos de sus objetos personales: pluma, tintero, lentes y escritorio de campaña.

sentiste que ciertos actos eran justos o injustos. Pero ya vas aprendiendo que es necesario argumentar las razones por las cuales consideras que algo es justo o injusto, con base en la imparcialidad, en la aplicación de las leyes y el respeto de los derechos humanos.

La justicia es un ideal que, puesto en práctica, nos guía para actuar correctamente sin afectar a ningún otro individuo de nuestra sociedad. Tú ya puedes participar en debates acerca de acontecimientos cotidianos que implican injusticia porque has ido aprendiendo a razonar éticamente.

Aunque eres menor de edad, ya puedes valorar si se da alguna justicia o injusticia en tu salón de clases e incluso en situaciones sociales como en el comercio y en el trabajo.

Investigando, ejerciendo tu juicio crítico y ético, tendrás nueva luz sobre las actividades que realizas en tu vida diaria.

Por ejemplo, averigua cómo es la legislación laboral con respecto al trabajo infantil, e investiga sobre el derecho de autor y la piratería. Encontrarás que las redes de piratería suelen estar al margen de las leyes del trabajo, incluso explotando el trabajo infantil y sin garantías para quienes laboran en ellas ni para el consumidor. Al comprender todo esto, tú ya estás en aptitud de rechazar la piratería.

Por su defensa de las libertades humanas, acción que sirvió de ejemplo a otros países del continente, y por su célebre frase sobre el respeto al derecho ajeno, Juárez fue nombrado "Benemérito de las Américas".

Para aprender más

Infancia de Benito Juárez en Oaxaca
(fragmento)

La vida de Juárez es una lección, una suprema lección de moral cívica.

Benito Juárez nació en el corazón de la montaña; la cumbre excelsa del Zempoaltépetl, de cuyo torso salen los dos brazos infinitos que encierran a la república entera, domina aquellas comarcas como un vigía, como un titánico ancestro de las razas.

Juárez fue, como todos sus coterráneos, un pastorzuelo, un zagal casi desnudo y sin poesía bucólica ni en la fisonomía, porque ni sus ojos ni sus labios reían con la perpetuamente renovada risa de los niños; ni en la vida, porque, muertos temprano sus padres, quedó el mísero zapotequilla entregado a la mano casi hostil de sus parientes, que lo explotaron, lo maltrataron, lo obligaron acaso a huir.

Aquel niño serio, tranquilo, callado y reflexivo llegaba a los doce años, acantonado en su roca indígena, sin poder hablar la lengua de Castilla, es decir, encerrado en su idioma como en un calabozo.

Hasta hace poco todavía, existían en Oaxaca testigos de esta adolescencia; habíase grabado con fuerza en algunas memorias infantiles la imagen de aquel niño serio, vestido de camisilla y calzones de manta, que había llegado de la montaña huido y sin hablar español, y a quien su hermana (humilde sirvienta por cuyo recuerdo siempre tuvo Juárez un culto hondísimo) había entregado al excelente encuadernador Salanueva.

El niño no iba a la escuela. Su escuela era el taller del encuadernador; y servido de su buena memoria (la tuvo siempre admirable) y de ese ilimitado poder de perseverar que se revelaba en él en cualquier momento importante de su vida, a un mismo tiempo aprendió a hablar, a leer, a escribir.

Juárez nació, puede decirse, de una raza; porque nada había de él que no estuviera física y moralmente en su raza, nada que lo diferenciara de sus congéneres; es un hijo de la familia Tzapoteca. Vagar en pos del rebaño, a orillas del lago, entre los naranjales, haciendo resonar pequeñas arpas melancólicas formadas por él mismo, ésta fue su vida; ésa era la de todos los pastorcillos de las sierras oaxaqueñas. Su fuga a Oaxaca por temor de un castigo, por aspiración a una vida superior, fue el primer acto que le probó que era un hombre, que era una voluntad, que era un rebelde.

Justo Sierra
Juárez, su obra y su tiempo

El Atoyac

En una creciente

Nace en la sierra entre empinados riscos
humilde manantial, lamiendo apenas
las doradas arenas,
y acariciando el tronco de la encina
y los pies de los pinos cimbradores.

Por un tapiz de flores
desciende y a la costa se encamina
el tributo abundante recibiendo
de cien arroyos que en las selvas brotan.

A poco, ya rugiendo
y el álveo estrecho a su poder sintiendo,
invade la llanura,
se abre paso del bosque en la espesura;
y fiero ya con el raudal que baja
desde los senos de la nube oscura,
las colinas desgaja,
arranca las parotas seculares,
se lleva las cabañas
como blandas y humildes espadañas,
arrasa los palmares,
arrebata los mangles corpulentos:
sus furores violentos
ya nada puede resistir, ni evita;
hasta que puerta a su correr dejando
la playa… rebramando
en el seno del mar se precipita.
[…]

¡Oh! Cuál semeja tu furor bravío
aquel furor temible y poderoso
de amor, que es como río
dulcísimo al nacer, mas espantoso
al crecer y perderse moribundo
¡de los pesares en el mar profundo!
Nace de una sonrisa del destino,
y la esperanza, arrúllale en la cuna;
crece después, y sigue aquel camino
que la ingrata fortuna
en hacerle penoso se complace,
las desgracias le estrechan, imposibles
le cercan por doquiera;
hasta que al fin violento,
y tenaz, y potente se exaspera,
y atropellando valladares, corre
desatentado y ciego,
de su ambición llevado, para hundirse
en las desdichas luego.

[…]

¡Ay, impetuoso río!
Después vendrá el estío,
y secando el caudal de tu corriente,
tan sólo dejará la rambla ardiente
de tu lecho vacío.
Así también, la dolorosa historia
de una pasión que trastornó la vida,
sólo deja, extinguida,
su sepulcro de lava en la memoria.

Ignacio Manuel Altamirano
Rimas, 1864

41

La Suprema Corte de Justicia de la Nación

La Constitución Política de los Estados Unidos Mexicanos es la ley suprema de nuestro país. Es el fundamento y origen de todas las leyes y autoridades que nos gobiernan a los mexicanos. Ella reconoce nuestros derechos fundamentales y establece las instituciones del Estado mexicano.

Como lo indica la Constitución Política misma, el máximo poder de la nación se divide en tres órganos con poderes y funciones distintos:

- Uno elabora las leyes: es el Poder Legislativo.
- Otro se encarga de aplicar las leyes: es el Poder Ejecutivo.
- Otro es el encargado de resolver, en forma pacífica y mediante sentencias, los conflictos que surjan en el país: es el Poder Judicial.

Los integrantes del Poder Judicial de la Federación son:

- Los ministros de la Suprema Corte de Justicia de la Nación.
- Los jueces y magistrados federales.
- Los magistrados del Tribunal Electoral.

En el ámbito nacional, ellos son los responsables de decidir quién tiene la razón cuando se suscitan problemas entre las personas, entre las autoridades, o entre las personas y las autoridades.

Breve reseña histórica

México ha vivido una intensa lucha por su libertad, por la justicia y por el bienestar de la sociedad que lo compone. El 22 de octubre de 1814, don José María Morelos y Pavón expidió el "Decreto Constitucional para la Libertad de la América Mexicana", sancionado en Apatzingán el 22 de octubre de 1814. Así, el 7 de marzo de 1815, se instaló el primer máximo tribunal del México independiente, que se llamó Supremo Tribunal de Justicia, en la población de Ario de Rosales, estado de Michoacán.

Desde entonces, el nombre y el número de sus integrantes han cambiado. A partir de 1995, la Suprema Corte de Justicia de la Nación se integra por once ministros, designados por el Senado de la República a propuesta del presidente de la República.

1853

1868

1846

Aquí puedes ver los edificios que han sido sede de la Suprema Corte de Justicia de la Nación a lo largo de su historia.

1825

42

Los ministros

Los ministros eligen de entre ellos mismos a su presidente.

Cuando los once ministros se reúnen en el salón de sesiones a debatir los asuntos que deben resolver, se dice que la Corte funciona en pleno.

Para resolver asuntos, los ministros de la Suprema Corte se dividen en dos salas; cada una se conforma por cinco ministros. El presidente de la Corte no forma parte de las salas.

Una de las tareas más importantes de la Suprema Corte es crear jurisprudencia. Cuando los ministros resuelven los casos, establecen criterios sobre la forma en que debe interpretarse la Constitución Política para poder crear nuevas leyes o para aplicarlas. Eso es la jurisprudencia: la forma en que debe entenderse la Constitución Política, de acuerdo con lo que señala la Suprema Corte de Justicia de la Nación.

La Suprema Corte de Justicia de la Nación resuelve juicios para proteger los derechos fundamentales (juicio de amparo), así como los conflictos que existan entre los órganos de poder público o entre las autoridades de la Federación, de los estados y de los municipios (controversias constitucionales y acciones de inconstitucionalidad).

La Suprema Corte de Justicia de la Nación es el más alto tribunal del país. Sus decisiones son definitivas y obligatorias, y tiene la misión de hacer que la Constitución Política sea efectiva sobre cualquier ley federal o estatal, y sobre cualquier acto de las autoridades federales, estatales o municipales. Es decir, la Suprema Corte de Justicia de la Nación, nuestro Tribunal Constitucional, es la que garantiza y defiende la supremacía constitucional de México.

Suprema Corte de Justicia de la Nación

43

Con la peregrinación al norte, Sebastián Lerdo de Tejada, Benito Juárez y José María Iglesias representaron la decisión de mantener viva la República durante la invasión francesa y el imperio de Maximiliano. ¿Quieres investigar más sobre este episodio?

1858. Benito Juárez fue presidente de la Suprema Corte de Justicia de la Nación y Ministro del Interior

1872. Sebastián Lerdo de Tejada fue elegido presidente de México. En su gobierno se dio el carácter de constitucionales a las Leyes de Reforma

1873. Como presidente de la Suprema Corte de Justicia de la Nación, José María Iglesias defendió e hizo respetar a este tribunal

La instrucción primaria
(fragmento)

••• en las repúblicas como la nuestra, la base en que debe apoyarse el sistema de gobierno y en que pueden fundarse las esperanzas de grandeza y de gloria futuras, es la instrucción pública […] difundida en las masas, extendida hasta a las clases más infelices, comunicada a la ciudad populosa, al pueblo pequeño, a la aldea humilde, a la cabaña más insignificante y escondida entre los bosques. La instrucción primaria debe ser como el sol en el mediodía, debe iluminarlo todo, y no dejar ni antro ni rincón que no bañe con sus rayos. Mientras esto no sea, vanas han de ser las ilusiones que reforjen sobre el porvenir de nuestro país y las esperanzas de que se desarrollen el amor a la paz y al trabajo, y de que se ahuyenten de nuestros campos yermos y de nuestras poblaciones atrasadas los negros fantasmas de la miseria, de la revolución y del robo que hasta aquí han parecido ser los malos genios de la nación. Cuanto se pudiera decir sobre esto, es muy sabido, todo el mundo lo comprende, y por eso en los hombres amantes de su país, en los verdaderos patriotas y buenos ciudadanos, hay un deseo inmenso de procurar, de todos modos, la propagación de enseñanza primaria en nuestro pueblo. Sólo los déspotas, los mentidos liberales, sólo aquellos que no pueden asentar su dominio de pillaje y de crímenes sino en el embrutecimiento de los hombres, ponen todo su empeño en mantener la barbarie en las desdichadas regiones en que viven, porque saben muy bien que no podrían dominar sino a hombres de quienes la ignorancia hubiese hecho de antemano esclavos abyectos y sumisos.

Ignacio Manuel Altamirano
"Crónica de la Semana", *El Renacimiento*, 1869

Derechos de autor

Los artistas tienen derechos. Hay quienes no valoran el arte como un trabajo. No toman en cuenta el respeto que merecen los autores. Así como una casa o una propiedad tienen dueño, de la misma manera, una canción, una novela, una pintura, un poema, una escultura, un guión, una danza, lo que se reconozca como obra de arte, pertenece a su autor. Nadie puede tomar una vivienda sin el permiso del dueño. De la misma manera, sólo el autor puede disponer de su obra: venderla, alquilarla, autorizar su reproducción o cederla. Los bienes se pueden tocar, pero algunas creaciones intelectuales no. El soporte es físico, la creación es intelectual.

Por ejemplo, una canción no se puede tocar; el disco compacto donde está grabada, sí. Todos los bienes, físicos o intelectuales, tienen un propietario y eso se respeta. A veces se utilizan las obras de arte sin autorización del autor, por ejemplo, cuando escuchamos música en nuestra casa sin lucrar o cuando el arte o la literatura se enseña en las escuelas. También se reproducen pequeños fragmentos de una obra para aclarar una idea si se citan el autor y la obra. La piratería es la reproducción, venta, alquiler y toda otra utilización no autorizada de la obra por cualquier medio. La piratería y el plagio son una violación del derecho de autor: un delito.

Instituto Nacional del Derecho de Autor

Para hacer

El poder de la palabra

Hola, niño o niña:

Sí, soy yo, Marco Tulio, tu profesor del arte de hablar para convencer.

Hoy quiero que aprendas cómo dar un consejo para que algún amigo tuyo alcance algo bueno o evite algo malo.

Empezarás por hacerte unas preguntas: ¿Alguna vez has recibido un consejo? ¿Quién te lo dio? ¿Cómo te sentiste? ¿Te sirvió el consejo?

Aconsejar a un amigo

Para dar un consejo, primero descubre cuáles son las cosas buenas: la vida, la honradez, la libertad; la familia, los amigos; los deberes, el oficio, el trabajo, el dinero; la salud, la constitución física, la fuerza; la religión, la patria. Luego medita si estas cosas son posibles o imposibles, necesarias o no necesarias, útiles o inútiles. Y medítalas hasta que obtengas una idea de las cosas que se oponen a éstas, de modo que el consejo que des sea el adecuado.

Vamos a ver. Un amigo tuyo "se quiere meter una tacha" o, de hecho, ya lo hizo. Tú sabes por tus clases de Ciencias Naturales que la tacha es una droga psicoactiva sintética, adictiva e ilegal, de efectos estimulantes, y que como tal es nociva para la salud. También sabes que muchos jóvenes que se han hecho adictos han llevado a cabo acciones ilícitas, las cuales son castigadas por las leyes, y que los castigos con frecuencia incluyen la cárcel.

En caso de que tu amigo llegara a hacer uso de ese alucinógeno estaría poniendo en peligro de manera inmediata su libertad, porque podría caer en algún ilícito; luego, su salud, por los efectos inmediatos y por el riesgo de la adicción; caería en problemas económicos porque esa sustancia no se consigue fácilmente, mucho menos cuando la dependencia es más severa; en estas condiciones, el adicto se ve en la necesidad de conseguir dinero a toda costa, acaso primero engañando a sus amigos; es decir, a ti entre otros, o expresamente pidiéndoles prestado o regalado; luego, incluso robando, no sólo a su familia, sino a desconocidos en la calle, en la tienda, en cualquier lugar.

Aquí ya se vuelven claras las grandes desventajas que tu amigo correría si se iniciara en esa adicción: perder la salud, a los amigos, la libertad, puesto que tarde o temprano los delincuentes cometen algún error que los delata y que los entrega a las autoridades. Y con todo ello, desde luego, la pérdida de los bienes más preciados que poseemos lo llevaría a tenerse en poca estima, a perder su dignidad incluso como hombre, a ser rechazado por los amigos y las amigas; a buscar nuevos núcleos sociales con los cuales convivir, pero a la larga sólo encontraría grupos de gente que lo obligarían a delinquir para pagar su cuota.

Y todo eso mismo haz que lo vea desde el punto de vista positivo, por ejemplo:

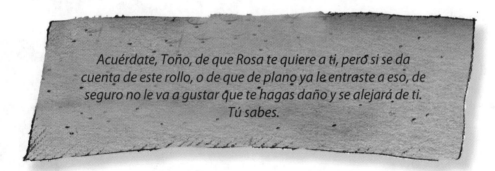

Acuérdate, Toño, de que Rosa te quiere a ti, pero si se da cuenta de este rollo, o de que de plano ya le entraste a eso, de seguro no le va a gustar que te hagas daño y se alejará de ti. Tú sabes.

Claro que cuando das un consejo te lo estás dando a ti mismo, y mientras mejor lo hagas, mejor lo recibirás.

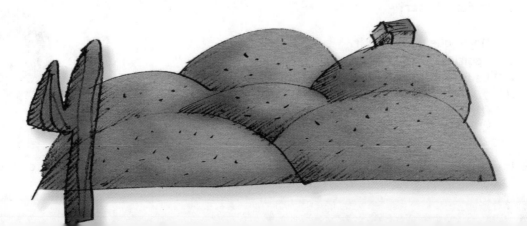

Ejercicios

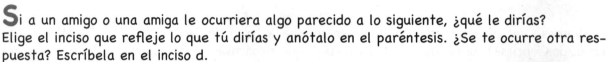

Nombro lo que siento

Si a un amigo o una amiga le ocurriera algo parecido a lo siguiente, ¿qué le dirías? Elige el inciso que refleje lo que tú dirías y anótalo en el paréntesis. ¿Se te ocurre otra respuesta? Escríbela en el inciso d.

1. Raúl está triste porque su amigo Esteban ya no le habla.   (   )

   a. "Háblale a Esteban, y pregúntale qué le pasa".
   b. "Contéstale mal a todos".
   c. "Háblale mal de Esteban".
   d. _____

2. Margarita está llorando porque perdió su lapicera.   (   )

   a. "No llores, se van a burlar de ti".
   b. "No llores, yo te ayudo a buscarla".
   c. "Comprendo que llores. Dile a la maestra".
   d. _____

3. Jaime siente miedo porque el lunes tiene examen de matemáticas y no entiende algunas operaciones.   (   )

   a. "Pídele al maestro que te explique lo que no entiendes".
   b. "Finge alguna enfermedad el día del examen".
   c. "Copia en el examen".
   d. _____

4. Lulú tiene que hacer una tarea en equipo, van a ir a la casa de un compañero pero ella tiene miedo de perderse. ¿Qué debe hacer?   (   )

   a. Decir que no puede ir.
   b. Pedirle un mapa al grupo.
   c. Pedirle a un pariente que la lleve.
   d. _____

Reflexiona acerca de la importancia de expresar tus sentimientos, emociones e ideas.

Decido

Marca con una cruz lo que tú harías en cada circunstancia.

Recuerda aquí una decisión que hayas tomado de la que sientas orgullo.

_____

_____

_____

_____

Actuar con justicia

Piensa en alguna acción que te haya parecido injusta en tu familia, y otra en tu escuela. Escribe una breve descripción de cada una.

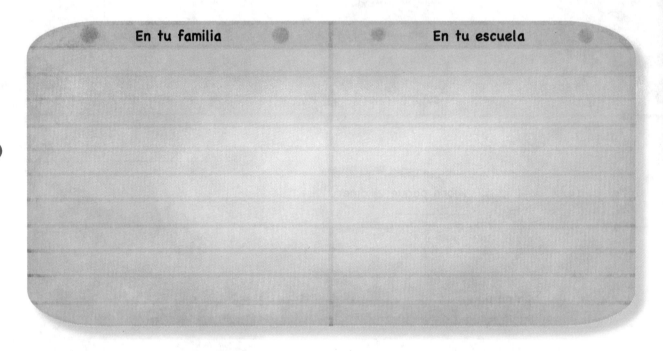

En tu familia	En tu escuela

Piensa: ¿qué puedes hacer para evitar que esa acción se repita? Escríbelo.

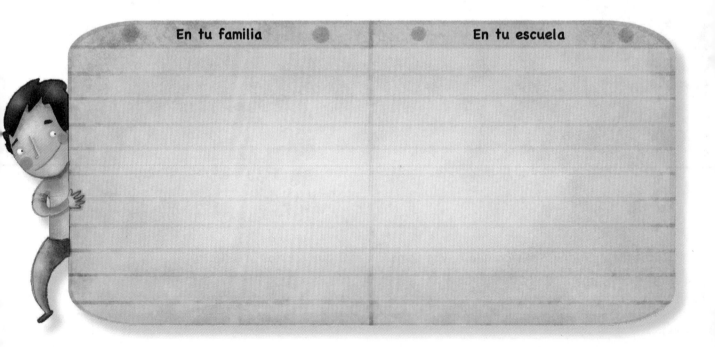

En tu familia	En tu escuela

50

Un día en la cooperativa escolar

Un día, a la hora del recreo, en la cooperativa escolar varios niños se juntaron a comprar un refrigerio. La señora Lucha, quien la atiende, no se dio cuenta de que un niño se fue sin pagar una paleta. Al final de su jornada, al hacer su cuenta, le faltó dinero. Ella tuvo que pagar el faltante.

Analicemos este ejemplo.

¿Qué piensas de lo ocurrido?

_____

_____

_____

_____

¿Te parece justo que la señora pague el dinero que falta? ¿Por qué?

_____

_____

_____

_____

Si tú fueras quien no pagó, ¿qué harías?

_____

_____

_____

_____

¿Qué consecuencias tiene la acción de cada uno?

_____

_____

_____

_____

¿Qué puedes aprender sobre este ejemplo?

_____

_____

_____

_____

¿Qué debe aprender doña Lucha?

_____

_____

_____

_____

¿Qué tiene que aprender el niño que no pagó la paleta?

_____

_____

_____

_____

Si el niño que no pagó fuera tu mejor amigo, ¿qué hubieras hecho?

_____

_____

_____

_____

Autoevaluación

Escoge la respuesta que mejor describe tu desempeño y traza una ✔ en el libro correspondiente.

S  Siempre   **CS** Casi siempre   **CN** Casi nunca   **N** Nunca

En la escuela, con mis maestros y mis compañeros

Expreso mis emociones sin lastimar a nadie.

S   **CS**   **CN**   **N**

Reconozco acciones con las que mi conducta puede lastimar a otras personas.

S   **CS**   **CN**   **N**

Incluyo en mis juegos a compañeros con alguna discapacidad.

S   **CS**   **CN**   **N**

Rechazo participar en acciones individuales o colectivas que vulneren los derechos de los otros.

S   **CS**   **CN**   **N**

Entiendo la justicia o injusticia a partir del reconocimiento de los derechos de las personas.

S   **CS**   **CN**   **N**

Defiendo los derechos de las niñas y los niños.

S   **CS**   **CN**   **N**

En mi casa, en la calle y otros lugares

Distingo que tengo cambios en mi cuerpo y en mis emociones.

S   **CS**   **CN**   **N**

Reconozco que actuar sin violencia es la mejor forma de relacionarme con mis familiares, amigos o vecinos.

S   **CS**   **CN**   **N**

Tomo decisiones previendo sus consecuencias para no dañarme ni dañar a otros.

S   **CS**   **CN**   **N**

Defiendo mi derecho a actuar con libertad.

S   **CS**   **CN**   **N**

Respondo por mis actos.

S   **CS**   **CN**   **N**

Colaboro en las tareas domésticas apropiadas para mi edad.

S   **CS**   **CN**   **N**

¿En qué puedo mejorar?

Trabajemos por la equidad, contra la discriminación y por el cuidado del ambiente

**Con el aprendizaje
y la práctica podrás:**

- Reconocer las ventajas de vivir en sociedad
y relacionarte de manera justa con los demás.
- Evitar actos de discriminación, falta de equi-
dad e intolerancia.
- Conocer, valorar y apreciar la riqueza cultural
y natural de México.

Platiquemos

Cuando la vida social se sustenta en principios de equidad y de justicia, se dan beneficios colectivos, como son la paz, el progreso y el bienestar. La vida social depende de relaciones de interdependencia en las cuales cada uno cumple con su trabajo de manera responsable y eficiente, conforme a las más altas exigencias técnicas y éticas de su oficio.

Es necesario que cada uno cumpla con la parte que le corresponde. A ti, ahora, te toca estudiar, aprender, jugar y convivir con tu familia y con tus compañeros de escuela, para desarrollarte gozando de salud y de protección. Muchas personas e instituciones deben trabajar responsablemente para ayudarte a lograrlo. Tu feliz desarrollo es una tarea principal para la sociedad mexicana, y el fundamento de nuestra esperanza en un futuro mejor.

Ese futuro lo alcanzaremos si nos esforzamos por dar trato justo y respetuoso a todas las personas. Esto quiere decir reconocer y rechazar la discriminación, la falta de equidad y la intolerancia. Dicho de manera que te ayude a guiar tus actos, tu conducta con los demás debe ser de tal modo que, al incluir a todos, aceptes la igualdad

De norte a sur, de este a oeste, en nuestro país tenemos gran diversidad regional.

Entre los mayas la fiesta de la jarana requiere traje de gala de su valor y sus derechos, y además reconozcas y aceptes las diferencias —aparentes o reales— que puedan existir con quienes constituyen la mayoría de alguno de los grupos donde interactúas.

En tu escuela estás aprendiendo a respetar a los que te rodean, y ése es un aprendizaje que te servirá a lo largo de toda la vida. A medida que crezcas y se amplíe el grupo social donde te muevas, conocerás a todo tipo de personas. De cada una tendrás que aprender, y con todas podrás establecer relaciones de respeto y de colaboración si desde ahora te entrenas en el respeto, la justicia y la solidaridad como valores de la vida democrática.

Una manera de demostrar respeto por los demás es cuidar el ambiente. Este respeto se expresa en acciones cotidianas que van desde no tirar basura hasta proteger continuamente los recursos naturales y energéticos que son de todos, como el aire, el suelo, la flora, la fauna, la energía eléctrica y el agua, mediante actitudes sencillas de autorregulación. Toma en cuenta que cuidar el ambiente y los recursos nos beneficia a todos.

57

Vestimenta típica
de los paipai de
Baja California

En Oaxaca, la tehuana
luce bordados y joyas

Hay acciones que, aunque a veces requieren de un poco de tiempo y planeación, nos ayudan a garantizar nuestra calidad de vida y una mejor convivencia. Reducir la generación de basura y ahorrar recursos, por ejemplo, te convierte en una persona que cuida el ambiente. Al no usar más de lo necesario de cualquier producto o servicio, al ahorrarlo y usarlo bien, muestras conciencia de las necesidades de los demás y de la urgencia de que exista equidad en la distribución de los recursos, como el agua, y contribuyes así a cuidar la satisfacción de las necesidades de la sociedad en su conjunto.

Nuestra patria es una de las naciones con mayor diversidad biológica del mundo. Posee muchas especies, alto número de ecosistemas y diversidad genética. Es importante que colectivamente participemos en actividades tendientes a mejorar nuestro entorno social y natural, las cuales comienzan al comprender que esta diversidad es riqueza y requiere protección. Las leyes y las instituciones protegen el ambiente, y castigan a quien lo daña. Sin embargo, es necesario que tanto productores como consumidores tengamos conciencia de que hay métodos y formas de producción y de consumo que tienden a dañar de manera grave o permanente el am-

El huipil y el enredo son prendas de las nahuas

En sus bordados, los huicholes representan su visión del mundo

biente, por lo que es necesario evitarlos. La tala de bosques o el exceso en el uso del aire acondicionado son ejemplos. También se requiere que comprendamos que en cada uno de nosotros está la posibilidad de cuidar la naturaleza y los recursos que ésta nos brinda. Así con la participación de todos podemos contribuir al progreso y bienestar de nuestra nación.

Descubre y valora la gran diversidad y riqueza cultural de México. Nuestra identidad se finca en las diversidades sociales y en la manera en que el ambiente y la historia influyen en nuestras costumbres y modos de vivir. Entre tanta diversidad cultural, también se presentan diferencias de intereses que pueden devenir en desavenencias. Debemos poner atención en la forma como nos relacionamos con las personas con quienes vivimos, respetando la dignidad y los derechos de todos.

Es importante que manifestemos una postura crítica ante programas de televisión o radio, películas o literatura que promuevan o asignen formas estereotipadas y negativas de considerar a algún grupo social, pues a veces son vistos con prejuicios. Aunque existan personas de diferente sexo, edad, religión y capacidades, para vivir en paz necesitamos establecer, basándonos en el artículo 1 de nuestra Constitución Política, que todos somos iguales.

En Sonora, los seris se autonombran *konkaak*

En Tamaulipas se confeccionan bellos trajes de piel

Si planteamos principios de equidad y justicia, podremos tratarnos con paz y armonía. La equidad es justicia distributiva donde cada quien recibe lo que necesita: los niños necesitan ir a la escuela; los adultos, tener trabajo. Cada uno tiene necesidades diferentes.

Una manera de solucionar problemas de discriminación, rechazo e intolerancia es recordar que todas las mujeres y todos los hombres de México tenemos derechos ante la ley. Todos debemos tener acceso a la salud y a una vivienda digna; las niñas y los niños tienen derecho a recibir alimentación, salud, educación, y a vivir en un ambiente sano y seguro.

Debemos garantizar toda diversidad humana. Para ello, recordemos que nuestra Constitución Política, en los artículos 1 y 4, prohíbe cualquier tipo de discriminación motivada por origen étnico o nacional, por género, edad, condición social, discapacidades, religión, opiniones, estado civil, orientación y preferencia sexual o cualquier otra que atente contra la dignidad humana y que tenga por objetivo anular o menoscabar los derechos y libertades de las personas.

Los otomíes viven en la zona central de México, en estados como Puebla e Hidalgo

Los kiliwa habitan en Baja California

El *quesquémetl* es atuendo de las huastecas

La manera de dar solución a los problemas surgidos de las diferencias está en apegarnos a las leyes y al respeto de la dignidad de las personas, y solucionar la discriminación, rechazo o intolerancia que puedan presentarse.

Respeto y orgullo nos merece la diversidad humana, física, étnica, lingüística, religiosa y cultural en nuestras comunidades y en nuestra nación. La discriminación contra cualquier persona o grupo destruye el tejido social, que está basado en la garantía de igualdad de dignidad y derechos de todas las personas.

El artículo 2 de nuestra Constitución Política nos dice que la nación mexicana es única e indivisible, y tiene una composición pluricultural sustentada originalmente en sus pueblos indígenas, que son aquellos que descienden de poblaciones que habitaban en el territorio actual del país al iniciarse la colonización europea. Consulta este importante texto.

La presencia y la cultura de los grupos indígenas en México aporta elementos culturales derivados de una tradición ancestral. Nuestras raíces son milenarias y muy ricas.

Aun en regiones muy áridas se elaboran bellas artesanías como ésta de Baja California Sur

Los zarapes de Zacatecas destacan por su colorido

Los tarahumaras viven en Chihuahua, Durango y Sonora. Se autonombran *rarámuris*

Para aprender más

Fábula de Esopo

Este texto, original de Esopo, se tradujo del griego al náhuatl para educar a los estudiantes del Colegio de Santa Cruz de Tlatelolco, en el siglo XVI.

El negro

Un hombre compró a un negro; pensaba que por falta de cuidado había ennegrecido, que nunca se había bañado desde que entró a servir, así que empezó a bañarlo y a lavarlo a diario; mucho enjabonaba, frotaba su cuerpo, pero no por eso dejaba el negro su color, su negrura, antes con ello empezó a enfermar, murió.

Esta fábula nos enseña que el modo de ser con que nació cada uno no hay nadie que se lo haga cambiar por otro.

Traducción de **Salvador Díaz Cíntora**

Ce cahcatzactli

Ce tlacatl quimocohui ce cahcatzactli. Momatia ca çan tlaxiccahualli ynic opochehuac, cayc omalti yn ompa achto otetlayecolti; yehica quipehualti in cahaltia, quipahapaca momuztlaye, cenca quimamatelohua, quitequixaqualohua, yn inacayo; auh in cahcatzactli a yc huel oquicauh yn icatzahuaca, yn ipochehuaca, ça ye ilhuice yc peuh ye mococohua, omic.

Yni çaçanilli techmachtia ca yn quenami ceceyaca yyeliz yn ipan tlacat, ayac huel occentlamantli ypan quicuepiliz.

Discriminación

Discriminar significa tratar injustamente a otras personas o a un grupo de personas porque son diferentes. Por ejemplo, tratarlas mal, como si valieran menos, sólo porque piensan distinto, porque se visten de otra manera, practican distintas religiones, tienen otro color de piel o vienen de otros pueblos, de otras ciudades o países. Tratarlas mal no sólo es verlas con desprecio, sino negarles el derecho de ser lo que son, o impedir que tengan las mismas oportunidades y servicios que todos.

Discriminar no es estar en desacuerdo con lo que otra persona hace, dice o piensa. Eso es normal porque todas las personas somos diferentes y no podemos estar de acuerdo en todo. En lo que sí somos iguales todas las personas es en que tenemos la misma dignidad, y, por lo tanto, debemos tener las mismas oportunidades y derechos, sin importar si somos niñas o niños, altos o bajos, gordos o flacos, de una ciudad o de un pueblo, de una familia grandísima o de una pequeñita. Discriminar es no respetar la forma de ser y de pensar de cada persona y obstaculizar sus derechos. Todas las personas valemos lo mismo y tenemos el derecho a ser lo que somos.

Tipos de discriminación

¿Te has fijado que hay personas a quienes se les da trato injusto? Se les humilla o lastima, se abusa de ellas. Las personas con discapacidad, los adultos mayores, las mujeres, quienes viven con alguna enfermedad como el VIH/SIDA, los indígenas, los pobres, los jóvenes; hasta las niñas y los niños con frecuencia son discriminados. ¿Por qué? Porque algunas personas, sin ninguna razón, las creen inferiores y, a veces por ignorancia, porque en realidad no las conocen, no saben nada de ellas. O las discriminan porque las quieren dominar.

Consecuencias de la discriminación

¿Qué pasa cuando las personas son discriminadas? ¡Imagínate que te pongan un apodo horrible, que se burlen de ti o que te dejen fuera de los juegos, o de la misma escuela! Las personas discriminadas se sienten lastimadas en su dignidad, y la dignidad es que cada quien se sienta orgulloso de lo que es.

La Constitución Política dice que ninguna persona debe ser discriminada. La discriminación produce desigualdad e injusticia: unos privilegiados y otros no, unos gozan de sus derechos y otros no. La discriminación condena a muchas personas y grupos a vivir en la pobreza porque encubre injusticias que es necesario reparar.

Cuando miras a tu alrededor, puedes descubrir lo diferentes que somos. ¡Sería una desgracia que todos fuéramos iguales! La vida es maravillosa por la infinita variedad de personas que existe, y que es la riqueza del país y del mundo. Y en este mundo vivimos personas de todo tipo. ¡El mundo es de todas y todos, y la vida es para todos!

Consejo Nacional para Prevenir la Discriminación

Tolerancia

La tolerancia es, primero que nada, un valor. Permite que diversos puntos de vista coexistan pacíficamente en una sociedad, al reconocer que lo que es válido para una persona (en sus opiniones, concepciones o comportamientos) puede no serlo para otras, pero ambas visiones del mundo merecen igual consideración. Por ello la tolerancia es, sobre todo, respeto hacia el otro; ese otro que puede tener puntos de vista distintos, pero a quien no tengo ningún derecho de imponer mis ideas por la fuerza. Eso garantiza que también mis creencias y opiniones serán respetadas. El tolerante podría enunciar el siguiente principio: "creo firmemente en mi verdad, pero también creo que debo obedecer a un principio moral más alto de respeto a los demás".

La tolerancia es, contemporáneamente, el reconocimiento de la diversidad y un método de convivencia y solución de problemas sociales. Los regímenes democráticos plantean la necesidad de que distintos grupos convivan en un mismo espacio. Éstos pueden diferenciarse por raza, lengua, opiniones políticas, género, cultura o preferencias. Aquí la tolerancia pone en primer plano los temas del prejuicio, el estigma, la marginación y la exclusión, y la consiguiente discriminación que de aquellas prácticas se deriva.

Si dentro de nuestra propia familia somos incapaces de hacer un esfuerzo por entender y convivir con personas cuyas actitudes y creencias son diferentes, es precisamente ahí donde debemos plantar el germen de la tolerancia.

La intolerancia ocurre incluso en el aula, donde día a día, por prejuicios, miedo y desconocimiento, se margina a aquellos que tienen características físicas, creencias, opiniones o religiones diferentes a las de la mayoría. La intolerancia nace todos los días en todos los ámbitos de nuestra vida, como en la casa, la escuela, el parque o la colonia, generando así la falta de respeto a los derechos de los otros.

Tú no solamente tienes el papel de alumno y de integrante de tu familia; también interactúas con otros miembros de tu comunidad, y es necesario que la aceptación y la comprensión que manifiestas hacia tus compañeros de clase, padres y hermanos, las lleves a las demás situaciones de tu vida diaria. No debes olvidar que el primero que tiene derecho a que se respete su forma de ser eres tú, siempre y cuando no causes daño a otro.

La tolerancia, entonces, no significa guardar silencio o mostrar indiferencia cuando alguien alrededor nuestro dice algo que nos parece equivocado. Es, por el contrario, tener la capacidad de dialogar con esa persona.

Voltaire, el gran filósofo francés, decía: "Puedo estar en contra de lo que dices, pero defendería con la vida tu derecho a decirlo". Lo que subyace en esta frase es el deseo de construir una sociedad fundada en la tolerancia, en la que todos podamos convivir, no con nuestras diferencias, sino a pesar de ellas.

Isidro H. Cisneros

La artesanía mexicana es diversa y creativa. Aprecia esta forma de trabajo que nos da identidad en todo el mundo

LA DIVERSIDAD CULTURAL de México

ARTE POPULAR MEXICANO

Amar la cultura vernácula es amar a la patria

Amando la cultura vernácula se ama a la patria misma, y se prolonga ésta hacia la humanidad, pero así no se abdica de lo que se es como grupo humano, sino que se afirma la individualidad de la nación dentro de una unidad más vasta.

En efecto, al ahondar —sin hostilidad para nadie— en la búsqueda de lo auténtico, no pretendemos recomendar, de manera alguna, ceguedad, ironía o desdén para todos los horizontes que despliega frente a nosotros, en el tiempo y en el espacio, la inteligencia de otros países. El conocimiento es indispensable, y el intercambio también. Pero no es menos indispensable, por cierto, el sereno rigor del juicio; porque todo conocimiento y todo intercambio se enriquecen en proporción de la coherencia de lo adquirido con la original cultura de los adquirientes.

Sin apartarnos jamás de lo humano y sin alterar las líneas genuinas del desarrollo de nuestro pueblo, cultivemos lo nuestro con noble ahínco. Después de todo, nadie existe durablemente en función de un poder ajeno, sino por fidelidad a los libres valores de su conciencia, en la construcción y reconstrucción de su propio ser.

Jaime Torres Bodet
El maestro Antonio Caso

El respeto al derecho ajeno es la paz

Lee la sabia máxima de Benito Juárez en varias lenguas de México.

Traducción	Familia lingüística /agrupación lingüística /variante lingüística
Ndi vaná'ír úrir kímba' ikhás, vaná'í íri'r ndisímá egá (Cuando todas las personas se respetan, todas viven bien en orden)	*Oto-mangue / chichimeco jonaz / chichimeco jonaz*
Tla tinimih ka mawisotl iwan amo ka nohnoka timokalaktia, ka paktli tinimiskeh	*Yuto-nahua / náhuatl / mexicano de Guerrero*
Guendarienesaa ne sti binni ne diidxa' jneza guiruti' riuu dinde	*Oto-mangue / zapoteco / zapoteco de la planicie costera*
Sun lö kuin jale' e sia dza ru'na, sö e sia kia dza jien', ku «mba ni seena r»	*Oto-mangue / chinanteco / chinanteco de la Sierra*
Yom mi lakp'is jiñi machbä lakcha'añik che' jiñi tyijikña mi lakajñel (Debemos respetar lo que no es de nosotros y así estaremos en paz)	*Maya / ch'ol / ch ´ol del sureste*
Kaka:kniw wantu ni kilakan xpalakata nitu natuwula taqlhuwet	*Totonaco-tepehua / totonaco / totonaco central del sur*
Ku lajúu kia' na húu'na axa ki (El respeto hacia los demás no hay guerra)	*Oto-mangue / chinanteco / chinanteco del sureste medio*
Taj tikneki kuali tiitstos, xiktepanita ten amo moaxka	*Yuto-nahua / náhuatl / mexicano de la husteca hidalguense*
Yaantech jets'el óolal wáa ma´ ta woksabaj yéetel u kuxtal uláak wíiniko'ob	*Maya / maya / maya*
Jurhimpikweeri janhanharhikwa jinteesti pínantekwa	*Tarasca / tarasco / p'urhépecha*
Ra t'ekei gea ra hoga b'ui	*Otomí / hñähñu (Valle del Mezquital)*
Te k'ichel j-batik ta muk' j-ha s-lekil ayinel ta balumilal	*Tseltal / bats'il k'op*
Tu kuniun koon cha va´aga kuniun chi ñivi	*Mixteco de la costa / Pinotepa Nacional*

Fuente: Instituto Nacional de Lenguas Indígenas

Para hacer

Conferencia

El sentido de investigar, aprender y estudiar es aplicar lo que se sabe para hacer mejor las cosas y ser mejor persona. Para difundir los conocimientos que vas construyendo; es decir, para que sean útiles a otras personas, puedes planear una conferencia sobre un tema determinado que elijas.

Para difundir los resultados de tus investigaciones, delimita bien tu tema y pregunta de cuánto tiempo dispones para tu exposición; considera las características relevantes de tu audiencia; identifica lo que sabes y lo que todavía desconoces; escoge ejemplos para explicar un punto y despertar interés en él.

Para todo lo anterior es útil tener un guión. En él acomodas paso a paso las partes de tu conferencia, de modo que no falte ni sobre nada, para que aproveches bien el tiempo y mantengas vivo el interés de tu audiencia.

Para que tu conferencia sea clara y esté bien estructurada debe tener introducción, desarrollo y conclusión.

En la *introducción* saludas a tu auditorio, agradeces su interés, enuncias el tema y explicas por qué es importante.

En el *desarrollo* expones de manera ordenada cómo llevaste a cabo la investigación, qué resultados obtuviste y la manera de aplicar este conocimiento, dando tus razones para creerlo así.

En la *conclusión* resumes tus métodos, tus resultados y la importancia del tema. Luego invitas al público a discutir tus conclusiones, y agradeces la atención que te brindaron.

Decidir

A medida que creces aprendes a decidir. Cuando decides eliges lo que quieres hacer y, por tanto, te haces responsable no sólo de hacerlo, sino también de los resultados de lo que quieres hacer. Por eso, antes de tomar una decisión piensa muy bien. Tus decisiones pueden ser personales, o bien puedes tomarlas con otros.

Por ejemplo, decidiste hacer ejercicio y participar en algún deporte de tu escuela, aunque no sepas todavía jugarlo bien. Eso implica que te esforzarás y tendrás confianza en tus aptitudes, sabiendo que día a día irás mejorando y disfrutando más de las nuevas capacidades de tu cuerpo.

En consecuencia, decides hacer un plan de buena alimentación, de suficiente descanso y preparación física para realizar ejercicio. Atiendes la necesidad de hacer calentamiento, de hidratarte bien, de respetar las reglas del deporte o juego y, sobre todo, de respetar a tus compañeros y no permitir que un enojo ofenda a alguien o, en su caso, eche a perder el partido.

Recuerda que lo importante es cuidar tu salud y enriquecer tu convivencia con los demás. Eso es lo que decidiste.

Si tu grupo de amigos o de clases ha decidido hacer ejercicio, se debe poner de acuerdo para aceptar a quienes quieran jugar, e incluirlos fraternalmente.

Recuerda: cuando tomas una decisión te obligas a llevar a cabo todo lo que esa decisión traiga consigo. Esfuérzate. Vale la pena.

Ejercicios

Diorama de la diversidad cultural de México

Con ayuda de la cenefa y el mapa de la diversidad cultural elabora un diorama. Pídele a tu maestra o maestro que te explique cómo hacerlo. Utiliza materiales que tengas en casa.

a. Crea un escenario (puede ser una caja).
b. Ponle figuras y ambientación.

¿Qué elementos de la diversidad cultural de tu entidad federativa incluiste en tu diorama? Observa el mapa de la diversidad cultural y localiza cuatro imágenes que llamen tu atención. Investiga de dónde son y anótalo.

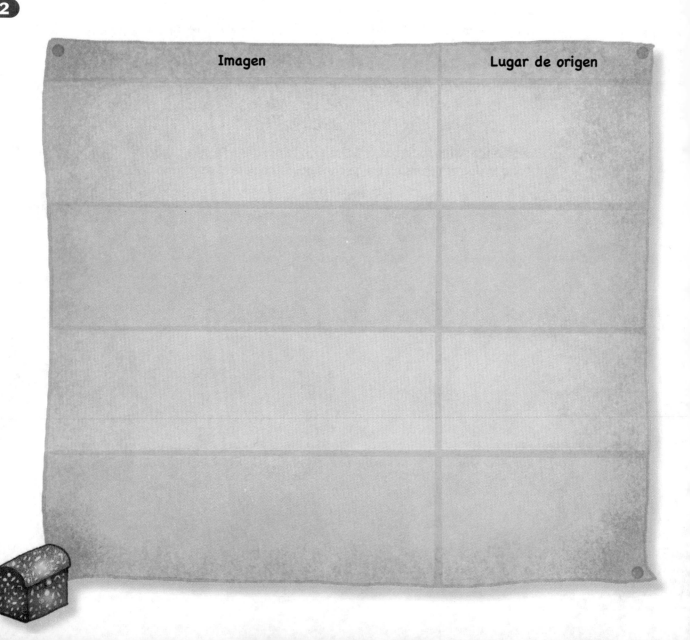

Imagen	Lugar de origen

Mi traje típico

Elabora un traje típico de tu localidad y viste las siluetas. Utiliza papel, tela, semillas, listones, botones u otros materiales que tengas en tu casa.

Momento de reflexionar:

Después de haber elaborado tu traje típico, tu diorama y tu investigación, comenta con tu grupo:

- ¿Qué relación encuentras entre estos elementos?
- ¿Qué te gustó más de la investigación?

La discriminación

Lee el texto "Discriminación" en la página 63, y completa el siguiente esquema.

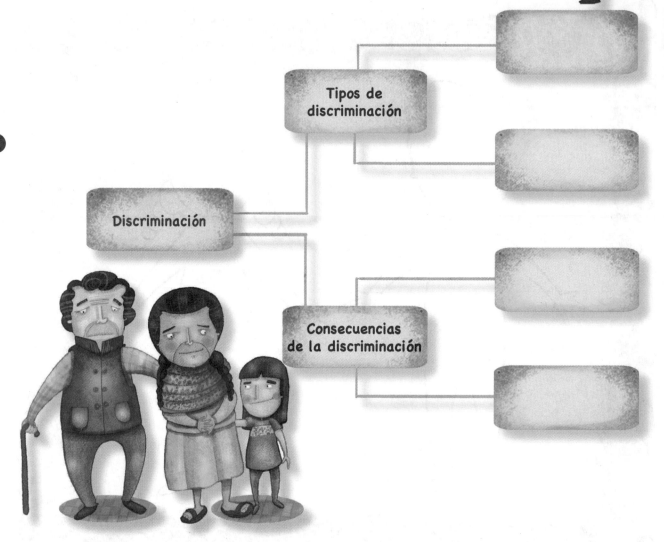

Piensa en alguna ocasión en que te hayas sentido discriminado.

Anota qué derecho tuyo fue vulnerado y cómo te sentiste.

_____

_____

_____

_____

_____

Mi conferencia

Revisa el texto "Conferencia" en la página 70. Prepara una conferencia sobre algún tema tratado en el bloque que te haya interesado.

¿Cuál es el tema? Anótalo:
_____

Busca más información que complemente la que viene en tu libro y anótala en fichas.

Revisa la información y ordénala.

Registra las fuentes de donde la obtuviste:
_____
_____
_____

Escribe un índice o guión (puntos a tratar).
_____
_____
_____

Busca ilustraciones para tu exposición.

Ya tienes las bases para desarrollar tu conferencia. Haz un breve escrito en tu cuaderno de lo que vas a exponer.

Puedes ensayar tu exposición ante tu familia.

Autoevaluación

Escoge la respuesta que mejor describe tu desempeño y traza una ✔ en la vírgula correspondiente.

S Siempre

CS Casi siempre

CN Casi nunca

N Nunca

En la escuela, con mis maestros y mis compañeros

Aprecio las aportaciones de los distintos grupos que componen la diversidad cultural de México.

S **CS** **CN** **N**

Rechazo actitudes de discriminación e intolerancia hacia personas portadoras de VIH-SIDA y su familia.

S **CS** **CN** **N**

Respeto a las personas que tienen ideas, origen o costumbres diferentes a las mías.

S **CS** **CN** **N**

Realizo acciones para el cuidado de mi entorno.

S **CS** **CN** **N**

Valoro la riqueza cultural de la población indígena de México.

S **CS** **CN** **N**

En mi casa, en la calle y otros lugares

Ayudo en las tareas de mi casa.

S **CS** **CN** **N**

Respeto a las personas, independientemente de su origen, sexo, edad o religión.

S **CS** **CN** **N**

Participo en las acciones que realizan instituciones de mi localidad para evitar la discriminación.

S **CS** **CN** **N**

Cuido la biodiversidad de mi localidad, del país y del mundo.

S **CS** **CN** **N**

Aprecio los valores que inspiran las artesanías de mi país.

S **CS** **CN** **N**

¿En qué puedo mejorar?

Vida y gobierno democráticos

**Con el aprendizaje
y la práctica podrás:**

- Comprender la utilidad y los beneficios de normas, acuerdos y procedimientos democráticos para tomar decisiones y emprender acciones colectivas.
- Conocer aspectos de la vida diaria que están protegidos por la Constitución Política de los Estados Unidos Mexicanos.
- Aprender cuáles son las funciones de los poderes Legislativo, Ejecutivo y Judicial, y saber quiénes los representan.

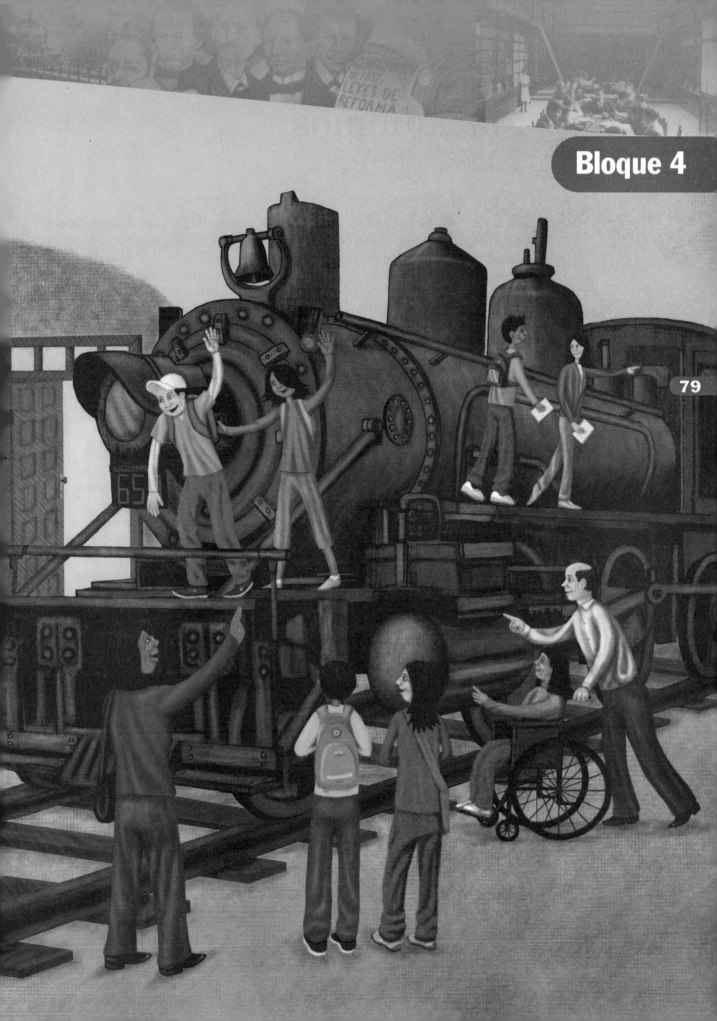

Platiquemos

En las pláticas de los adultos y en los medios de comunicación seguramente escuchas hablar con frecuencia de la democracia. En tu escuela se practican algunos procedimientos de la democracia como el diálogo y el voto. Vamos a tratar estos temas de manera que puedas comprenderlos y participar de mejor manera en tu escuela y tu país.

Nuestra Constitución Política, en su artículo 3, define la democracia como una forma de gobierno y un sistema de vida basado en el constante mejoramiento económico, social y cultural del pueblo.

Para entender así la democracia, requieres conocer sus procedimientos característicos y aplicarlos en tus procesos de convivencia escolares. Vamos por partes.

Para participar en la vida política del país y gozar de derechos políticos como el voto, deberás ser mayor de edad. Pero eso no quiere decir que no participes en la vida de tu escuela, tu familia y tu sociedad, o que no tengas derechos.

La democracia en la escuela significa que todas las niñas y todos los niños participen y aprendan. Tú puedes contribuir a que nadie quede excluido y a que la totalidad de tus compañeros y compañeras aprenda. Asimismo, tienes el derecho de participar y aprender.

La vida escolar impulsa el respeto por la dignidad y los derechos de todas las personas hasta que sea una convicción profunda para ti. Eso lo aprenderás si das y recibes trato respetuoso y equitativo en la escuela y en todos los lugares donde te desenvuelves. Si todos los alumnos reciben ese trato en la escuela, será una prueba de que la escuela promueve la vida democrática.

En la segunda mitad del siglo XIX comienza la modernización del país.

Para que la vida escolar esté ordenada y sea justa, es necesario contar con normas claras que todos respeten. Las normas más generales de tu escuela son las mismas en todos los establecimientos escolares del país, aunque cada escuela puede tener algunas normas que, respetando las generales, respondan a sus características específicas. Seguramente tú participaste en elaborar el reglamento de tu salón, y comprendes su utilidad para asegurar trato equitativo y respetuoso en tu clase, y para que todos aprendan.

La vida social basada en la libertad, la justicia y la paz requiere de normas y acuerdos para guiar la conducta individual y colectiva. ¿Cómo pueden las personas y las sociedades llegar a acuerdos reconocidos por todos y que sean justos porque contribuyen al constante mejoramiento económico, social y cultural del pueblo?

Si todos nos ponemos de acuerdo, podemos tomar decisiones y hacer cosas en conjunto para el bien de la colectividad. Ese "ponerse de acuerdo" también se llama "diálogo". Para expresar la decisión de cada uno, se emplea la votación. En nuestra democracia, cada voto tiene el mismo peso.

El diálogo en una sociedad democrática es la posibilidad de que cada uno manifieste sus intereses e ideas, la voluntad de escuchar las voces de todos. Mediante el diálogo las personas pueden llegar a consensos, es decir, acuerdos tomados por el consentimiento de todos los integrantes de un grupo sobre un tema o asunto en particular.

Pero ese acuerdo total no siempre es posible. En una sociedad democrática, cuando hay diferencias se acata la voluntad de la mayoría expresada mediante el voto, pero sin violar los derechos fundamentales de las personas que resulten en minoría.

Seguramente has tenido ya experiencia en tu escuela sobre algunos aspectos de los procedimientos democráticos de diálogo y votación. Al elegir un representante, o votar para elegir entre una actividad u otra que tu maestros les propongan, tú y tu grupo han tenido una experiencia de la democracia.

La democracia se trata no sólo de seguir ciertos procedimientos para llegar a algunas decisiones, sino de buscar las maneras de mejorar las condiciones de vida de la sociedad. Tu educación te ayuda a participar plenamente en esta búsqueda.

En la escuela has estudiado los derechos de los niños y las niñas, y sabes que eres lo que se llama "sujeto de derecho", es decir, que los portas y tienes derecho a ejercerlos. En la escuela ejerces tu derecho a la educación. Así estás preparándote para participar en la construcción y el fortalecimiento de nuestra democracia.

La democracia es un sistema de gobierno en el que todos los ciudadanos pueden participar, votando, en las decisiones públicas mediante sus representantes políticos. La democracia es el gobierno del pueblo. Es una ventaja vivir en una república y bajo un régimen democrático donde se escuchan las voces de todos y, en función de la ley, manda la mayoría.

Ceremonia de inauguración de la Universidad Nacional de México

En el último año de gobierno de Porfirio Díaz, Justo Sierra refunda la antigua Real y Pontificia Universidad de México como Universidad Nacional de México.

El acuerdo más amplio, general y obligatorio en nuestro país es nuestra Constitución Política. México, por voluntad del pueblo, para su gobierno, es una república democrática, representativa y federal, compuesta por estados libres y soberanos que se mantienen unidos a la federación, en apego al artículo 40 de la Constitución Política.

Nuestra república es democrática porque todos los ciudadanos y ciudadanas tienen derecho a votar por presidente, gobernadores, senadores, diputados, jefe de gobierno, delegados políticos y presidentes municipales que los representen (artículos 80, 50 y 94 constitucionales). Es representativa porque los jefes políticos representan al pueblo que los eligió, y es federal porque hay un conjunto de leyes y un gobierno válido para todas las entidades federativas o partes de la República.

En México hay tres poderes: el Legislativo, el Ejecutivo y el Judicial. El Poder Legislativo lo ejerce el Congreso General, integrado por hombres y mujeres cuyo trabajo central es hacer nuestras leyes. Está formado por la Cámara de Senadores y la Cámara de Diputados. Sus integrantes son elegidos por el pueblo para que lo representen. La Cámara de Senadores tiene 128 integrantes y la de diputados 500, estos últimos son elegidos cada tres años, mientras que la Cámara de Senadores es renovada en su totalidad cada seis.

El Poder Ejecutivo de la Unión lo representa el presidente de los Estados Unidos Mexicanos. Es elegido por votación ciudadana cada seis años.

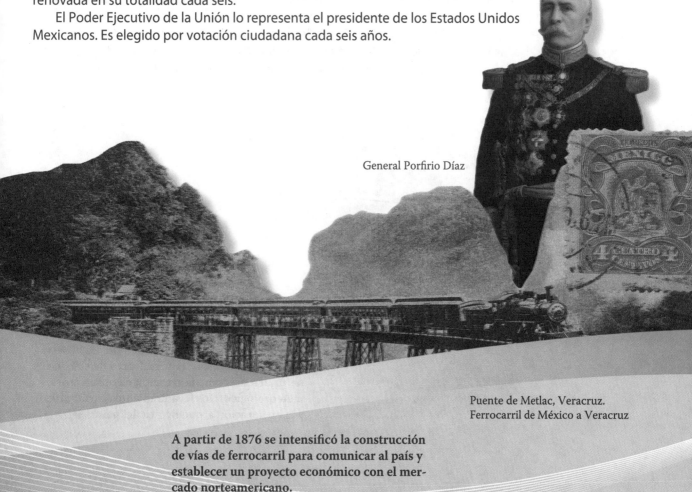

General Porfirio Díaz

Puente de Metlac, Veracruz.
Ferrocarril de México a Veracruz

A partir de 1876 se intensificó la construcción de vías de ferrocarril para comunicar al país y establecer un proyecto económico con el mercado norteamericano.

El Poder Judicial de la Federación deposita su ejercicio en una Suprema Corte de Justicia de la Nación, en un tribunal electoral, en tribunales colegiados y unitarios de circuito y en juzgados de distrito. La Suprema Corte de Justicia de la Nación se compone de 11 ministros que permanecen en su cargo 15 años.

La característica fundamental que distingue a una sociedad democrática es la garantía de las libertades y los derechos básicos de los ciudadanos.

Estas garantías se encuentran normadas por principios constitucionales y son: manifestación de las ideas y derecho a la información (artículo 6), libertad de expresión y publicación de escritos (artículo 7); derecho de asociación (artículo 9) y libertad de tránsito (artículo 11). Todas ellas resultan indispensables para el desarrollo integral del individuo, contribuyen a que los ciudadanos tengan una vida social pacífica y el derecho de elegir, entre alternativas políticas, la de su preferencia, sin ninguna presión.

En un gobierno democrático los ciudadanos pueden expresarse y participan por medio del voto para la elección de sus representantes políticos. El voto es condición necesaria para el ejercicio de la democracia, forma de gobierno en la cual la justicia y la legalidad deben crear un ambiente propicio para la vida pacífica y la participación de todos.

En un gobierno democrático todos los ciudadanos se someten voluntariamente a las leyes, aunque no estén de acuerdo con ellas o no los beneficien directamente. Sin embargo, la propia Constitución Política ofrece maneras de cambiar las leyes y

Las expediciones científicas difundían e impulsaban la enseñanza de la ciencia y la geografía. Perseguían el fomento del comercio, las observaciones astronómicas, etnográficas y de ciencias naturales, así como la creación de observatorios meteorológicos, los levantamientos cartográficos y la exploración arqueológica del país.

de demostrar si ha habido abusos en su aplicación. Mientras una ley no cambie, es obligatoria para toda la ciudadanía, lo cual incluye, desde luego, a las autoridades.

En los gobiernos democráticos, como es el caso de nuestro país, la participación ciudadana y todas las acciones del Estado tienen como referencia los derechos humanos, los cuales están reconocidos y garantizados por el Estado a través de sus leyes.

La Comisión Nacional de Derechos Humanos (CNDH) en México promueve y protege el cumplimiento y generación de condiciones propicias para el respeto y ejercicio pleno de esos derechos. Cada entidad federativa cuenta con una comisión estatal de derechos humanos. La sociedad puede formar organizaciones no gubernamentales para la observancia en particular a grupos vulnerables que por sus condiciones de vida están en desventaja para el ejercicio cabal de sus derechos y libertades.

Ahora que conoces los rasgos generales de un gobierno democrático, cabe agregar que no es la única forma de gobierno. Por ejemplo, una monarquía es un sistema en el que el poder supremo corresponde a un rey, a un príncipe o a un emperador y es de carácter vitalicio; es decir, que gobierna toda la vida y el cargo es hereditario. En este tipo de gobierno la monarquía puede ser absoluta, en la que el rey ejerce de forma exclusiva los poderes del Estado; o una monarquía constitucional, en la que otras figuras de gobierno como el primer ministro y el parlamento participan y colaboran con el monarca para gobernar.

Tú estás aprendiendo a valorar y a participar en la consolidación de la vida democrática de México, que es la mejor garantía para una vida libre, justa y en paz.

El geógrafo Antonio García Cubas en su estudio

Miembros de la Expedición Geográfica Mexicana de 1874

Para aprender más

El 5 de mayo

El 5 de mayo de 1862, bajo el mando del general Ignacio Zaragoza, los mexicanos, principalmente indios zacapoaxtlas, obtuvimos la victoria sobre el ejército imperial de los franceses, considerado entonces el más poderoso del mundo.

Fue un episodio de la Intervención Francesa en la que, como dijo el general Zaragoza, las armas nacionales se cubrieron de gloria.

Con orgullo, los mexicanos hacemos una conmemoración cívica ese día. "Conmemorar" quiere decir recordar; decimos "cívica", porque nos referimos a asuntos de los ciudadanos.

La educación y la Cámara de Diputados

Dentro de las comisiones ordinarias de la Cámara de Diputados, existe una que se dedica exclusivamente al análisis de todos los asuntos relacionados con la educación en nuestro país; se llama Comisión de Educación Pública y Servicios Educativos.

Los diputados que integran esta comisión, a través de su equipo de expertos, analizan todas las iniciativas de ley relacionadas con la materia educativa, para someterlas después a la votación de los 500 diputados en el pleno de la cámara.

La Batalla de Puebla, pintura de Patricio Ramos

"Conmemoración cívica" es, pues, el recuerdo de algo ocurrido entre los ciudadanos y que se considera notable, y para realizarse requiere, por lo común, de una ceremonia pública en determinada fecha.

Recuerda, entonces, cada 5 de mayo, que eres parte de ese pueblo soberano que por su amor a la libertad resistió y triunfó contra pretensiones imperiales de dominio.

Una vez que una ley fue aprobada por la mayoría de los diputados, pasa a la Cámara de Senadores —que también tiene una Comisión de Educación—, para que a su vez la analicen y la voten.

Cámara de Diputados
Comisión de Educación Pública y Servicios Educativos

Las mujeres y la cultura en el siglo XIX

Aunque la educación de las mujeres no había alcanzado en el siglo XIX la extensión y profundidad necesarias para promover y asegurar la equidad entre hombres y mujeres, sí hubo avances.

Así, por ejemplo, a fines del siglo XIX, en Bogotá, se publicó la obra *Poetas hispanoamericanos*, en la cual se dedicaron más de 500 páginas a nuestras poetisas. Además, existieron publicaciones periódicas dirigidas por mujeres, en las cuales se trataban, junto con sus producciones literarias, cuestiones científicas, históricas, filosóficas y políticas. Se publicaron *Las Violetas* y *Las Violetas del Anáhuac*, en la capital; en los estados, *La Siempreviva*, de Yucatán, y *El Recreo del Hogar*, de Tabasco; *La Palmera del Valle*, publicada en Guadalajara; *La Violeta*, de Monterrey, y *El Colegio Independencia*, de Mazatlán, impreso y redactado por las alumnas del establecimiento de ese nombre.

En su producción poética, las mujeres abordaron temas de nuestra historia, nuestros héroes, nuestros paisajes, nuestras costumbres, así como poesía lírica.

No se conoce suficientemente la producción de las mujeres escritoras de nuestra tierra. En parte esto se debe a la discriminación. Interésate por las vidas y las aportaciones de las mujeres en la historia de nuestro país para fortalecerte con sus enseñanzas y combatir este injusto olvido.

Isabel Prieto de Landázuri, poetisa

A la memoria de los alumnos del Colegio Militar, muertos en defensa de la Patria el 13 de septiembre de 1847

En titánica lucha destrozada
por injusto invasor la Patria mía,
heroica, valerosa y esforzada
sus sagrados derechos defendía.

Para salvar su santa autonomía,
los niños héroes, en fatal jornada,
exhalaron su grito de agonía
antes que verla esclava y humillada.

¡Gloria por siempre a su heroísmo! ¡Gloria!
Que la Fama le lleve por doquiera;
que sus hojas de luz abra la Historia

Para inscribir sus nombres justiciera;
y un altar se levante a su memoria,
¡do se arrodille la Nación entera!

Mateana Murguía de Aveleyra

Esther Tapia de Castellanos, poetisa

Laurena Wright de Kleinhans, poetisa

Los símbolos patrios

El Escudo, la Bandera y el Himno nacionales son los símbolos patrios de México. Son la expresión auténtica de nuestro origen: nos dan el sentido de identidad y pertenencia a nuestra nación.

Representan el espíritu que unió y fortaleció a los mexicanos en su lucha por su independencia y soberanía, así como por la democracia y justicia social.

Desde la Independencia, se buscaron aquellos símbolos y emblemas que pudieran representar a todos los mexicanos. Así se escogió un escudo nacional que hablara de nuestro origen indígena. En la letra del himno se habla del valor de la paz para todos los mexicanos y del amor a nuestra patria y soberanía.

El origen del águila

Fernando Alvarado Tezozómoc, nieto de Moctezuma Xocoyotzin, cuenta en la *Crónica mexicáyotl* lo que el dios Huitzilopochtli le dijo a uno de sus sacerdotes:

Ya os mandé matar a Copil, hijo de la hechicera que se decía mi hermana, y os mandé que le sacarais el corazón y lo arrojarais entre los carrizales y espadañas de esta laguna, lo cual hicisteis: sabed pues que ese corazón cayó sobre una piedra, y de él salió un tunal, y está tan grande y hermoso que una águila habita en él, y allí mantiene y cómese los mejores y más galanos pájaros que hay, y allí extiende sus hermosas y grandes alas, y recibe el calor del sol y la frescura de la mañana. Id allá a la mañana, que hallaréis la hermosa águila sobre el tunal y alrededor de él veréis mucha cantidad de plumas verdes, azules, coloradas, amarillas y blancas de los galanos pájaros con que esta águila se sustenta, y a este lugar donde hallaréis el tunal con el águila encima, le pongo por nombre Tenochtitlán.

Uso del Escudo Nacional

El Escudo Nacional sólo se puede utilizar en monedas oficiales, sellos y papel oficial. También está autorizado su uso en los vehículos que utilice el presidente de la República.

Ninguna persona puede usar el Escudo Nacional en documentos particulares.

Saludo a la Bandera

En ceremonias cívicas u oficiales en que esté presente la Bandera Nacional deben rendírsele honores, que cuando menos consistirán en el saludo civil simultáneo de todos los presentes.

El saludo se hace en posición de firmes, colocando la mano derecha extendida sobre el pecho, la palma hacia abajo, a la altura del corazón. Los hombres deberán traer la cabeza descubierta.

Saludo presidencial

El presidente, como jefe supremo de las fuerzas armadas, la saluda militarmente.

La Bandera también saluda

La Bandera Nacional saluda, mediante ligera inclinación y sin tocar el suelo, a otra bandera nacional o extranjera; en ceremonia especial, a los restos o símbolos de los héroes de la patria y para corresponder al saludo del presidente de la República o de un presidente extranjero. Fuera de estos casos, no saludará a personas o símbolo alguno.

Izamiento de la Bandera Nacional

La Bandera Nacional se iza en escuelas, templos y edificios públicos, así como en las embajadas y consulados de México. Las aeronaves y las embarcaciones mexicanas deberán llevar la Bandera Nacional.

La Bandera Nacional se debe izar diariamente en los siguientes lugares: en los edificios sede de los Poderes de la Unión, oficinas de migración, aduanas, capitanías de puerto, aeropuertos internacionales, representaciones diplomáticas en el extranjero y en el asta de la Plaza de la Constitución, en el zócalo de la Ciudad de México.

La Rotonda de las Personas Ilustres

Este recinto es un monumento circular que se encuentra ubicado en el Panteón Civil de Dolores de la Ciudad de México. Es un lugar de homenaje patrio donde se encuentran sepultados los restos de los hombres y mujeres que dieron lo mejor de sí mismos por nuestra patria y por los mexicanos con sus acciones heroicas y virtudes cívicas, o porque con su obra destacada contribuyeron a la construcción de nuestro país en la ciencia, la política, la cultura y las artes.

Fue creada en 1872 por el presidente Sebastián Lerdo de Tejada. En la actualidad se encuentran los restos de 105 hombres y 6 mujeres. Allí están inhumados los creadores de nuestro Himno Nacional: Francisco González Bocanegra y Jaime Nunó Roca.

Durante mucho tiempo, este monumento fue conocido como la Rotonda de los Hombres Ilustres, pero en el año 2003 cambió su nombre a Rotonda de las Personas Ilustres.

Secretaría de Gobernación

Prevenir la discriminación

¿Cómo puedes evitar la discriminación? No es difícil. Para empezar, respetándote, queriéndote y cuidándote a ti mismo. Conoce y defiende tus derechos para que nadie abuse de ti ni te discrimine, pero también reconoce los derechos que tienen los demás y defiéndelos para que nadie los maltrate.

En vez de despreciar y rechazar a las personas, conócelas. Cuando lo hagas, acabarás queriéndolas, porque te alegran con sus distintas formas de ser, pensar y vivir. Si respetas a las otras y a los otros, te respetarán a ti. Si aceptas que las otras personas sean diferentes a ti, te aceptarán también. Si entiendes lo que los otros sienten, lo que viven, lo que piensan y convives con respeto e interés con esas personas, entonces los demás también podrán imaginar y respetar lo que sientes, lo que vives, lo que piensas.

Prevenir la discriminación en la escuela

En la escuela sí existe la discriminación. Muchas niñas y niños son discriminados por sus compañeros, por docentes o algunos padres de familia. Y, también, muchos maestros y maestras son discriminados por sus discípulos y sus padres. Se les discrimina por distintos motivos, aunque ningún caso es justo. Por ejemplo, a estudiantes indígenas, que hablan su propio idioma, a quienes viven con alguna discapacidad, a los ancianos, injustamente, a veces se les hace a un lado.

Algunos estudiantes se burlan de quienes tienen opiniones o creencias religiosas distintas a las de la mayoría. También las personas gordas y las flacas son objeto de burlas. Se señala a los más pobres con burlas, apodos, empujones, ignorándolos. ¡No es justo!

Todos los niños y todas las niñas tienen el derecho de ir a la escuela y aprender. Pero no pueden aprender si sufren discriminación, si son excluidos y no pueden gozar de sus derechos.

Entre alumnas y alumnos, maestras y maestros, y mamás y papás podemos entendernos, respetarnos y apreciarnos sin discriminarnos. Por eso es importante que en las clases se hable acerca de no discriminar, y que todos podamos expresar nuestros gustos, preferencias, sentimientos, y que solucionemos los problemas platicando, sin violencia. Los maestros y también los padres de familia deben ayudar a hacer de la escuela el lugar en que te guste estar, en que todos puedan aprender.

Consejo Nacional para Prevenir la Discriminación

Asonancias

Sabedlo, soberanos y vasallos,
próceres y mendigos:
nadie tendrá derecho a lo superfluo
mientras alguien carezca de lo estricto.

Lo que llamamos caridad, y ahora
es sólo un móvil íntimo,
será en un porvenir lejano o próximo
el resultado del deber escrito.

Y la Equidad se sentará en el trono
de que huya el Egoísmo,
y a la ley del embudo, que hoy impera,
sucederá la ley del equilibrio.

Salvador Díaz Mirón

La nube

¿Qué te acongoja mientras que sube
del horizonte del mar la nube,
negro capuz?

Tendrán por ella frescura el cielo,
pureza el aire, verdor el suelo,
matiz la luz.

No tiembles. Deja que el viento amague
y el trueno asorde y el rayo estrague
campo y ciudad;

tales rigores no han de ser vanos…
¡Los pueblos hacen con rojas manos
la Libertad!

Salvador Díaz Mirón

Para hacer

Periódico escolar

Ya colaboras en el periódico mural. Ya has publicado información y noticias de interés en otros grados. ¿Qué te parece elaborar ahora un periódico histórico, es decir, que dé noticias de un tiempo que ya pasó?

Elige un tiempo determinado, tal vez una fecha histórica que conmemoremos y celebremos los mexicanos, como el Día del Trabajo o el inicio de la Revolución Mexicana.

Tu fichero, tu guión teatral y todo lo que has aprendido en tus clases de Historia, te servirán para identificar lo que fueron las principales noticias de ese tiempo.

Si está a tu alcance, visita una hemeroteca para que veas los periódicos antiguos que están expuestos. Si no tienes oportunidad de visitarla o buscar fotografías de periódicos antiguos, investiga en Internet.

Elige y redacta las noticias de sucesos pasados que nos hagan pensar sobre asuntos de hoy.

Razonamiento ético

¿Qué es justo y qué es injusto? ¿Qué está bien y qué está mal?

Un juicio ético sirve para analizar y decidir qué acciones llevar a cabo, pues cada acción tuya tiene repercusiones en ti y en otras personas. A veces, se te presentan dilemas, es decir, disyuntivas entre modos de acción que te exigen una decisión difícil. Pueden ser dilemas individuales o grupales, como serían los familiares y los escolares.

Decidir entre lo correcto y lo incorrecto, lo justo o lo injusto, es una necesidad que surge de tu libertad como ser humano.

Son precisamente el razonamiento y la reflexión las cualidades humanas que nos dan la relevante capacidad de expresar juicios éticos. Esta capacidad varía con la edad y el desarrollo del pensamiento de las personas. Así, un niño de cinco años no tiene la misma profundidad de razonamiento que otro de tu edad.

A medida que tú, niña o niño, analices con mayor profundidad tus razones para actuar de determinada manera, irás acrecentando tu capacidad de razonamiento ético.

El desarrollo de tu razonamiento ético es parte de tu maduración como persona responsable y autónoma, es decir, a la vez que aprendes a exponer de manera más clara y contundente tus actos o razones para actuar de un cierto modo, podrás asumirlos con responsabilidad creciente.

Tu razonamiento ético tiene una argumentación más sólida si demuestras tus habilidades para hablar y discutir con otras personas, para escucharlas y aprender de ellas.

En general te fortalecerá establecer un consenso o acuerdo en los grupos a los que perteneces, y actuar conforme el grupo decide, aunque también a veces tu decisión te llevará a una posición de minoría que no siempre es fácil. Es parte de tu desarrollo moral.

Analicemos un ejemplo:

El abuelo de Andrés empieza a perder la memoria, y con frecuencia pide que se le repitan datos o nombres que ya se le dieron. A veces, Andrés se impacienta. ¿Es justo o injusto que su mamá le llame la atención a Andrés si habla a su abuelo con impaciencia?

Ejercicios

Papel de las autoridades

Observa el siguiente dibujo.

¿Cuáles son los problemas que identificas? Anótalos y escribe a qué autoridad le corresponde atenderlos. Si necesitas más espacio, usa tu cuaderno.

Problema identificado	Autoridad que debe atenderlo

¿Qué acciones puedes emprender con tu familia para ayudar a dar solución a alguno de los problemas que identificaste?

_____
_____
_____

¿Qué podrías hacer tú para colaborar con las autoridades?

_____
_____
_____

Procedimientos democráticos para tomar decisiones

¿En cuáles de las acciones siguientes pueden tomarse acuerdos democráticos? Marca SÍ o NO, según sea el caso, y en la última columna explica cómo se tomaría esa decisión.

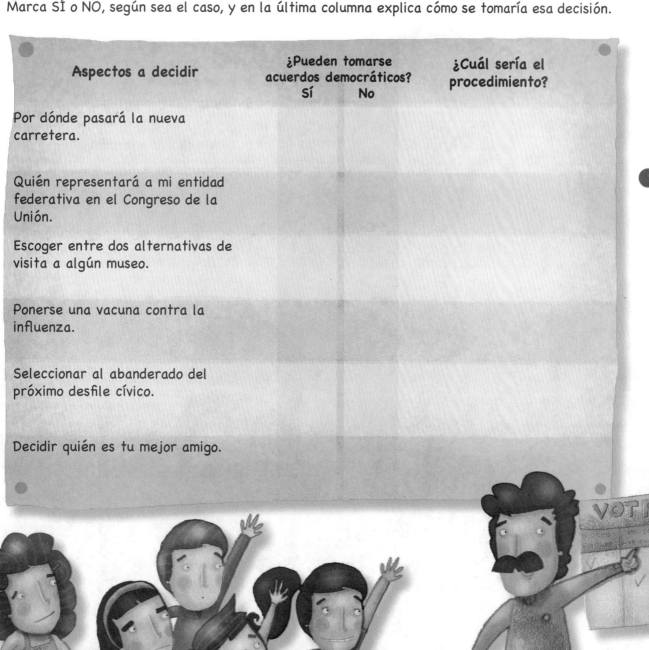

Aspectos a decidir	¿Pueden tomarse acuerdos democráticos? SÍ / No	¿Cuál sería el procedimiento?
Por dónde pasará la nueva carretera.		
Quién representará a mi entidad federativa en el Congreso de la Unión.		
Escoger entre dos alternativas de visita a algún museo.		
Ponerse una vacuna contra la influenza.		
Seleccionar al abanderado del próximo desfile cívico.		
Decidir quién es tu mejor amigo.		

Derechos en la vida diaria

Identifica en las siguientes historias qué derechos humanos están ejerciendo los niños en su vida diaria y, en su caso, cuáles no están ejerciendo. Escribe en el cuadro.

Raúl es mexicano, vive con su familia en una casa rentada en las afueras de una ciudad grande. Raúl va a una escuela primaria donde recibe libros en braille porque es ciego. Ya aprendió a transitar de su casa a la escuela, y siempre lo recibe algún maestro.

Derecho ejercido	Derecho no ejercido

Antonia vive con su familia en una comunidad del Valle de Oaxaca. Su lengua materna es el zapoteco. Aunque en la escuela casi todos hablan sólo español, también tienen libros escritos en lengua zapoteca. A la vez aprende el español.

Los fines de semana, Antonia ayuda a su familia en el trabajo de la milpa.

Los papás de Antonia la llevaron a la clínica de salud para que la revise el doctor porque últimamente le ha dolido la cabeza.

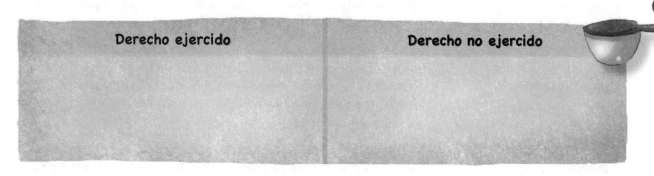

Derecho ejercido	Derecho no ejercido

Carlos vive en la calle con otros niños, todos mayores que él. Ellos lo cuidan y él les ayuda a vender dulces y a limpiar parabrisas. Aprendió solo a hacer cuentas pero cuando se equivoca, los otros niños le pegan.

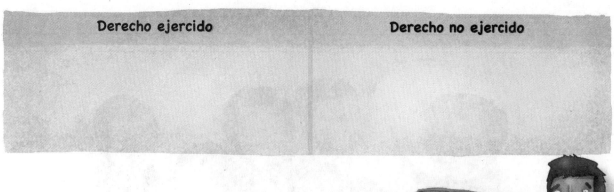

Derecho ejercido	Derecho no ejercido

Mayorías y minorías

Relaciona los conceptos que se mencionan en la columna de la derecha con los ejemplos de la izquierda.

Votación	Las niñas del grupo estaban molestas con los niños porque sentían que eran muy bruscos en el recreo. La maestra los puso a platicar para que se entendieran mejor y acordaran construir una convivencia más armónica.
Consenso	Como no se han puesto de acuerdo sobre el arreglo del salón, se pide la opinión a cada uno y se actúa según lo resuelva la mayoría.
Disentimiento	La jefa de grupo habló con cada uno y estuvieron de acuerdo en quedarse media hora más todos los días para prepararse para la olimpiada de matemáticas.
Diálogo	El grupo piensa que está bien ir a la escuela el sábado para hacer las cuentas de la cooperativa, pero Pedro no está de acuerdo porque él ayuda en su casa los sábados.

Explica algunos beneficios que aporta la democracia a la vida social:

_____

_____

_____

Autoevaluación

Escoge la respuesta que mejor describe tu desempeño y traza una ✔ en el tren correspondiente.

S  Siempre **CS** Casi siempre **CN** Casi nunca **N**  Nunca

En la escuela, con mis maestros y mis compañeros	**En mi casa, en la calle y otros lugares**
Participo en asuntos colectivos de mi escuela.	Colaboro con las autoridades del lugar donde vivo en acciones de prevención.
S CS CN N	S CS CN N
Respeto los acuerdos de mi grupo escolar.	Ejerzo los derechos que me otorgan las leyes.
S CS CN N	S CS CN N
Comprendo la importancia de reflexionar y argumentar claramente mis ideas en las discusiones con mis compañeros y maestros.	Cuido la biodiversidad de mi localidad, del país y del mundo.
S CS CN N	S CS CN N
Escucho con respeto los puntos de vista de mis amigos y compañeros.	Escucho con interés las sugerencias de mis familiares y amigos para solucionar problemas.
S CS CN N	S CS CN N
Soluciono mis diferencias de opinión de manera pacífica.	Platico con mi familia antes de tomar una decisión.
S CS CN N	S CS CN N

¿En qué puedo mejorar? _____

_____

_____

_____

Solución de problemas con apego a los derechos humanos y sin violencia

Con el aprendizaje y la práctica podrás:

- Conocer los derechos humanos, saber qué protegen y quiénes los defienden.
- Promover el diálogo, la cooperación y los acuerdos.
- Saber cómo se eligen representantes democráticamente.

Platiquemos

Los conflictos son parte de la vida social. Sin embargo, deben solucionarse con apego a los derechos humanos y sin violencia. Una manera de promover el respeto en la vida social es conocer a fondo los derechos humanos.

Los derechos humanos garantizan que las personas vivan con libertad y dignidad en virtud de su humanidad. Son universales, inalienables e indivisibles. "Universalidad" significa que los derechos humanos corresponden a todas las personas, y todas las personas tienen igual condición con respecto a sus derechos. "Inalienable" quiere decir que no se puede ser despojado de ellos por otros, ni se puede renunciar voluntariamente a ellos. Son indivisibles en dos sentidos: en primer lugar, no hay jerarquía entre diferentes tipos de derechos; en segundo lugar, no se pueden cancelar algunos derechos para promover otros. Los derechos humanos garantizan que todas las personas puedan disfrutar de los bienes y libertades necesarios para una vida digna, lo cual significa gozar de derechos económicos, sociales y culturales. Todos podemos ser defensores de los derechos humanos, y promoverlos con nuestras acciones diarias.

Gabino Barreda

Entre otros actos de justicia, en la segunda mitad del siglo xix se impulsó que toda la sociedad tuviera acceso a la educación.

Los derechos humanos son parte y estructura del Estado democrático. También hay organizaciones internacionales que tienen entre sus funciones difundir, promover y defender los derechos humanos; por ejemplo, la Organización de las Naciones Unidas (ONU); la Organización de Estados Americanos (OEA); la Organización de las Naciones Unidas para la Ciencia, la Educación y la Cultura (Unesco).

En México, el cumplimiento de los derechos humanos se lleva a cabo mediante el ejercicio de las atribuciones del presidente de la República con los poderes Legislativo y Judicial de la Federación, con los organismos autónomos y los gobiernos de las entidades federativas.

Los defensores de los derechos humanos son hombres y mujeres que actúan colectivamente para contribuir a la eliminación efectiva de todas las violaciones de los derechos humanos. Buscan la justicia y la verdad. Luchan contra el hambre, la pobreza y la discriminación, y en favor de la libertad, la igualdad entre los sexos y las razas; buscan proteger los derechos políticos, económicos, sociales y culturales de los pueblos. Pueden pertenecer a asociaciones civiles o a organismos autónomos como las comisiones de derechos humanos.

Se crearon la Biblioteca Nacional, la Escuela Nacional de Artes y Oficios y la Escuela Nacional Preparatoria. La Escuela de Minería se convierte en Escuela Nacional de Ingenieros, la Escuela Nacional de Agricultura y Veterinaria reanuda labores.

Se fundaron la Escuela Nacional de Sordomudos y la Escuela Nacional de Ciegos.

Los derechos humanos, que en nuestra legislación se conocen también como "garantías individuales", están en la base de nuestro sistema jurídico.

Las leyes y las instituciones tienen presencia en tu vida diaria. Tienes acta de nacimiento, vas a la escuela, tomas agua potable; si te enfermas, tienes derecho a la salud. Éstas son algunas condiciones de la vida cotidiana normadas por principios constitucionales y derechos humanos.

En México, la Constitución Política es un conjunto de leyes para todos los mexicanos. Para que haya iniciativas de leyes que mejoren nuestra vida debemos valorar la cooperación, el diálogo y la construcción de consensos. Para conseguir un trabajo en equipo que satisfaga necesidades comunes y el logro de propósitos dirigidos al respeto de los derechos humanos, avalados en los artículos constitucionales, debemos aprender a trabajar juntos.

El artículo 3 de la Constitución garantiza el derecho a la educación y se orienta por la democracia y la ciencia, en contra de los fanatismos, la discriminación y la ignorancia. El derecho a la educación está en la base de la cultura de los derechos humanos, pues, al educarse, el ser humano se prepara para el ejercicio de todos ellos.

La Escuela para Obreros Artesanos buscaba establecer una casa de educación en donde se cultivaran las artes mecánicas y se atendieran las artes industriales para que estuvieran en relación con las materias primas del suelo de México.

Una manera de dar solución a problemas sin recurrir a la violencia es rechazar condiciones de desigualdad y no ver como enemigos a quienes piensan de manera diferente a la tuya. Así vivimos en armonía y con trato cívico. Cuando las necesidades de las personas no se expresan y no se toman en cuenta, crecen los problemas, entre los cuales están la pobreza, la explotación, las enfermedades, la desnutrición o la falta de escuelas. Si los problemas se atienden, se evitan los conflictos. Toda idea que se refiera a temas de interés para la colectividad debe ser escuchada y tomada en cuenta. En la democracia hay pluralidad y tolerancia.

A toda costa evitemos que por desacuerdos cunda la violencia. La violencia social se manifiesta de muchas maneras y puede llegar a agresiones físicas que desemboquen en lesiones graves o muertes. Una forma de evitar el surgimiento de los conflictos sociales es participar para solucionarlos.

Debemos conocer, acordar y respetar las reglas de la participación. Así nuestros actos serán ordenados, pacíficos y, sobre todo, constructivos. Podemos incluso participar en la elaboración de las normas. Nuestra acción democrática debe ser reflexiva, informada, responsable y conforme a valores universales.

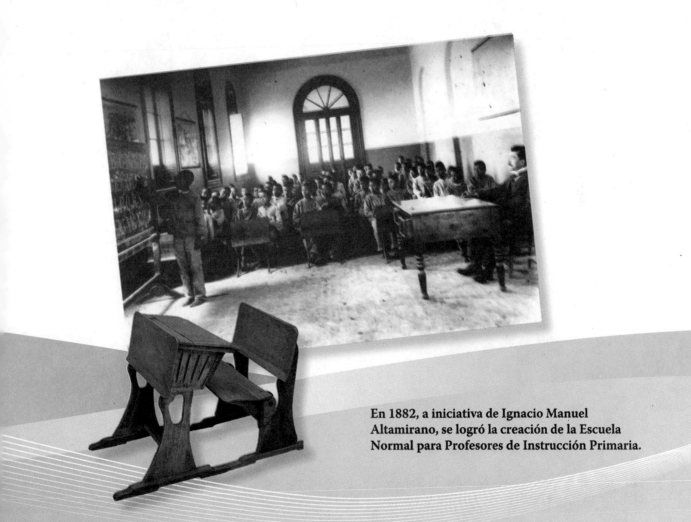

En 1882, a iniciativa de Ignacio Manuel Altamirano, se logró la creación de la Escuela Normal para Profesores de Instrucción Primaria.

La participación es una forma de tomar decisiones acerca de asuntos que nos afectan o nos benefician, para así elegir la más conveniente para la mayoría. Muchas veces no es fácil escoger porque no tenemos claro cuál de las distintas posibilidades nos convence más. Cuando esto suceda, lo aconsejable será obtener la mayor información posible, comparar las diversas alternativas y decidir.

En la democracia todos tenemos derecho a expresar nuestra opinión de manera libre y a ser respetados, en la misma medida en que tenemos la obligación de ser respetuosos y tolerantes con los demás. Es importante que cumplamos con los acuerdos sobre cómo vamos a participar. Las decisiones tomadas deben ser respetadas por todos, aun si no son las que hubiéramos querido.

Ignacio Ramírez

Guillermo Prieto

Ignacio Manuel Altamirano

José Rosas Moreno

Los mejores escritores de la época de la Reforma hicieron libros de texto para impulsar la educación pública.

Nadie tiene derecho a manipular nuestras ideas, decisiones o voto, que también se llama "sufragio". Participar de manera responsable significa hacerlo en todas las decisiones que nos afectan o benefician, de manera informada, reflexiva y respetando los valores de libertad, tolerancia y legalidad.

Una forma de participar en procesos políticos es votando para la elección de los representantes que, como ya sabes, son el presidente de México, gobernadores, jefes de gobierno, senadores, diputados, delegados y presidentes municipales. Tendrás derecho a hacerlo a partir de que cumplas 18 años.

Esperamos que estas enseñanzas sirvan para convertirte en un ciudadano que disfrute de la paz, y que, cuando escuche el Himno Nacional, se ponga de pie, orgulloso y lleno de amor por México.

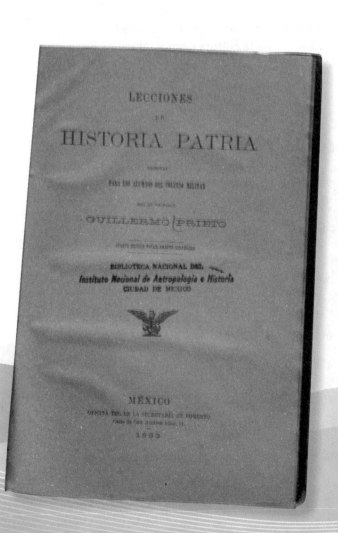

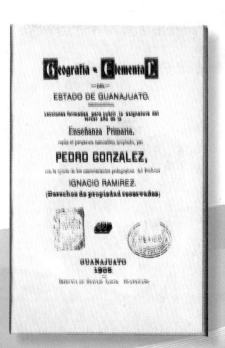

Para aprender más

¿Qué es el IFE?

El Instituto Federal Electoral (IFE) es un organismo creado en 1990 para contribuir al desarrollo de la vida democrática en nuestro país. Tiene como función principal organizar las elecciones federales; es decir, aquellas en las que se elige al presidente de la República, a los diputados federales y a los senadores.

El IFE debe garantizar la veracidad de las elecciones, y para esto desarrolla actividades como integrar y conservar actualizado el padrón electoral, fortalecer el régimen de partidos políticos, vigilar la legalidad del proceso electoral y cuidar la autenticidad y efectividad del voto.

Además el IFE es responsable de fortalecer la cultura y la educación cívica en nuestro país y procurar las condiciones para la participación ciudadana en el ámbito político.

Es un órgano autónomo, pues es independiente en su funcionamiento y en el manejo de sus recursos, pero sobre todo porque sus decisiones se dan con absoluta libertad e imparcialidad; es decir, con el único interés de cumplir con la ley para el beneficio de la ciudadanía.

Así como el Instituto Federal Electoral se encarga de organizar las elecciones de los representantes federales, en cada entidad federativa existe un órgano similar que se encarga de organizar las elecciones de representantes locales, tales como autoridades municipales, diputados de las legislaturas locales o gobernadores. Estos institutos o comisiones electorales estatales realizan también otras actividades, como la difusión de la cultura democrática.

Instituto Federal Electoral

Participación y democracia

Para participar recuerda:

- Identificar los asuntos que te interesan o requieren solución.
- Informarte lo mejor posible.
- Conocer, acordar y respetar las normas.
- Dialogar, con apertura para escuchar de manera respetuosa opiniones diferentes de las tuyas.
- Valorar las ideas presentadas y decidir tu posición ante las diversas alternativas.
- Expresar libremente tu opinión, decisión o voto.
- Respetar y cumplir las decisiones tomadas.

Instituto Federal Electoral

Parlamento Infantil

109

Diversidad, pluralidad y pluralismo

Recuerda que la pluralidad se refiere al número. Por ejemplo, la pluralidad de juegos y canciones para niños en el mundo. Podemos decir también que hay pluralidad de juguetes mexicanos, de platillos elaborados con maíz, de maneras de celebrar las fiestas. Cuando hablamos de "pluralidad" queremos decir "muchos"; cuando nos referimos a "diversidad", también queremos decir "muchos", pero insistiendo en que son diferentes entre sí.

"Pluralismo" se refiere al valor democrático que orienta a la sociedad, donde conviven pacífica y productivamente personas que tienen diversos puntos de vista, intereses y proyectos. Las leyes y los procedimientos democráticos sirven para garantizar los derechos de todas las personas, para tratarlas de manera justa y con respeto, de modo que la diversidad de hecho pueda convertirse en pluralismo de derecho.

Hugo Concha Cantú
Instituto de Investigaciones Jurídicas, UNAM

Los niños y el trabajo

De acuerdo con la Constitución Política de los Estados Unidos Mexicanos y la Ley del Trabajo, está prohibido que los menores de 14 años trabajen. Los mayores de esta edad, y menores de 16, únicamente podrán trabajar un máximo de seis horas al día. Asimismo, los jóvenes de 16 a 18 años no podrán trabajar en bares, tiendas de bebidas alcohólicas o en lugares que afecten sus valores morales y su salud.

Por lo anterior, existe explotación infantil laboral cuando niños y niñas menores de 14 años realizan cualquier trabajo que afecte su desarrollo personal o que les impida disfrutar de sus derechos.

Estos derechos, establecidos en la Convención sobre los Derechos del Niño, de 1989, son:

- Derecho a la educación.
- Derecho a una familia.
- Derecho preferente a servicios de salud.
- Derecho a no ser obligado a trabajar.
- Derecho a ser escuchado.
- Derecho a tener un nombre.
- Derecho a la alimentación.
- Derecho de asociación y derecho a integrarse activamente en la sociedad en la que vive.
- Derecho a no ser discriminado.
- Derecho a no ser maltratado.

Secretaría del Trabajo y Previsión Social

Las bibliotecas y los museos

Las bibliotecas y los museos son muy importantes porque en ellos podemos conocer nuestro pasado. En las bibliotecas podemos leer sobre las vidas de nuestros héroes y de nuestros antepasados. En los museos podemos conocer testimonios históricos, los perfiles y las semblanzas de héroes y las maneras en que vivían nuestros ancestros. Las bibliotecas y los museos son complementarios: las primeras son para leer; los segundos, para observar. Sólo frecuentando ambos podremos conocer nuestro pasado, nuestra identidad, nuestros problemas y la forma de superarlos.

Javier Garciadiego Dantán
El Colegio de México

111

Museo de Arte, Monterrey

Justo Sierra

El hijo del escritor Justo Sierra O'Reilly, Justo Sierra Méndez, nace en Campeche, en 1848. Cuando su padre muere, emigra a la Ciudad de México. Es alumno del Colegio de San Ildefonso. En 1871 obtiene el título de abogado. Lleno de entusiasmo, inteligencia y creatividad, toma parte en círculos literarios.

En 1880 se convierte en diputado suplente y al poco tiempo, en 1884, ocupa el cargo de diputado propietario por Sinaloa.

Diez años más tarde desempeña labores como magistrado de la Suprema Corte de Justicia. Paralelamente continúa con su oficio de narrador.

En 1901, es nombrado subsecretario de Instrucción Pública y fue secretario de 1905 a 1911.

Fundó la Universidad Nacional de México.

Durante el gobierno de Francisco I. Madero es nombrado ministro plenipotenciario en España.

Muere en Madrid, España, en 1912. Sus cenizas se conservan en la Rotonda de las Personas Ilustres.

La Universidad Nacional Autónoma de México lo nombra Maestro de América en 1948, y sus obras son editadas en 15 tomos por el escritor Agustín Yáñez.

Emigración

La emigración de mexicanos hacia otro país tiene efectos importantes en los hogares y las regiones de salida. La mayoría de los emigrantes son hombres jóvenes, aunque de manera creciente las mujeres participan más activamente. La ausencia (o presencia remota) del jefe del hogar o del hermano mayor modifica los papeles que desempeñan tradicionalmente otros miembros de la familia. La mujer del hogar asume un mayor espacio de decisión y de participación económica, y se detona la solidaridad entre hogares emigrantes de jefatura femenina. Todo este proceso viene acompañado de una idealización del emigrante y su experiencia migratoria.

Estados Unidos, principal destino de la emigración mexicana y centroamericana, ha escogido la frontera común como el espacio de control del ingreso de eventuales inmigrantes. Dado que el mercado laboral continúa demandando la mano de obra que le proporciona la inmigración, los inmigrantes buscan entrar a ese país recurriendo con frecuencia a formas ilícitas, como cruzar la frontera sin inspección, abandonando el país por zonas no autorizadas para ello.

El desplazamiento migratorio se desarrolla en espacios de riesgo y desprotección. El carácter de indocumentados de la mayoría de los emigrantes (80% de ellos carece de documentos para entrar a Estados Unidos en su primera experiencia migratoria) los lleva a utilizar mecanismos de desplazamiento y cruce fronterizo que ponen en riesgo su vida.

Alrededor de 450 emigrantes mexicanos por año pierden la vida al intentar cruzar la frontera. Con frecuencia se recurre a redes organizadas que utilizan zonas de cruce inhóspitas, en condiciones climatológicas extremas, para las que los emigrantes no están ni equipados, ni entrenados.

La mayoría de los emigrantes o sus familias no conocen las características de las regiones del cruce ni los riesgos asociados, o bien suponen equivocadamente que pueden sortearse con facilidad, lo que pone en peligro su vida.

Jorge Santibáñez
El Colegio de la Frontera Norte

Marcha de inmigrantes
en Los Ángeles, California

La patria

(fragmento)

A mi hijo Luis

"¡Patria, patria, nombre santo,
nombre dulce y bendecido,
voz de celestial encanto,
que haces derramar mi llanto
con tu mágico sonido!"

Hijo, ese nombre adorado
es manantial de emociones;
es lo que hay más venerado,
es un conjunto sagrado
de recuerdos e ilusiones.

Es el sitio do nacimos,
donde primero lloramos
y la luz primera vimos;
do el amor filial sentimos
y el de una madre gozamos.

Es el agua plateada,
es la atmósfera y el viento,
es esa tierra sagrada
que por el sol fecundada
nos da sabroso alimento.

Es ese lugar sagrado
de las tiernas afecciones;
es lo que hay más venerado;
¡es un conjunto adorado
de recuerdos e ilusiones!

Amo su cielo estrellado,
de su luna los fulgores,
de su sol los resplandores,
y su suelo tapizado
de mil balsámicas flores.

Amo sus grutas hermosas
por los amores formadas,
sus magníficas cascadas,
y sus fuentes primorosas
y sus brisas perfumadas.

Amo sus altivos montes
do alza el ave sus cantares;
amo sus potentes mares,
sus lejanos horizontes

y sus bosques seculares.
Quiero mirarla elevada
sobre todas las naciones;
grande, sabia, respetada,
de laureles coronada,
tremolando sus pendones.

Ver su marina brillante,
ver su ejército valiente
por todas partes triunfante;
de la victoria radiante
mirar la luz en su frente.

Mirar su corte formada
de filósofos profundos;
de ingenieros rodeada,
y astrónomos que a otros mundos
lleven su altiva mirada.

De músicos y pintores,
de poetas laureados,
de sublimes escultores,
de críticos afamados
y justos historiadores.

De nuestro siglo a la altura
ver en toda su grandeza
su rica literatura;
su feraz agricultura
ver en toda su riqueza.

En fin, quiero, hijo del alma,
para esta patria querida,
de la paz la dulce calma,
de la victoria la palma
y la virtud bendecida.

Y por el amor sincero
que tengo a esta patria amada,
por único premio espero
dormir un sueño postrero
bajo su tierra sagrada.

Esther Tapia de Castellanos
El Renacimiento, 1869

Para hacer

Parlamento infantil

"**P**articipar" significa actuar con los demás para tomar decisiones individuales o colectivas. Tu grupo participa con tus maestras y maestros para buscar soluciones que mejoren tu aprendizaje en el aula, como sería definir dónde se sientan, cómo mantener el salón limpio, qué pueden hacer quienes terminen un trabajo en clase antes que los demás: si leer un cuento, dibujar o adelantar la tarea de la casa; o bien qué medidas tomar si se advierten conductas de discriminación contra algún compañero.

En las decisiones que competen a todos, participa cada uno de los integrantes del grupo. Se escuchan las ideas y razones, y se establecen las maneras de solucionar tanto posibles desacuerdos, como el incumplimiento de acuerdos. Todo esto enriquecerá la vida escolar y también tu formación ciudadana.

114

Participantes en el Parlamento Infantil

El llamado "Parlamento Infantil" es una actividad convocada por el Congreso de la Unión donde los niños y las niñas expresan sus inquietudes y propuestas.

Para integrar el Parlamento Infantil se eligen representantes de quinto grado o equivalente.

Votación y representación

Para que sepas qué es un representante, ya sea que tú representes al grupo o que alguien más lo haga ante los maestros y autoridades escolares, los padres de familia y otros grupos de la escuela, cada grupo puede elegir su representante.

Para ello se discute primero acerca de los requisitos que deben cubrir los candidatos a representante, posibilidad que en principio debe estar abierta a todos y todas, mediante una convocatoria extendida a la comunidad estudiantil.

Quienes desean ser candidatos expresan sus ideas y responden las preguntas de sus compañeros acerca de su papel como representante.

Todos son libres para hacer preguntas a los candidatos, por ejemplo, sobre sus propuestas para atender al grupo, los asuntos que les parecen más importantes, cómo van a mantener la comunicación con todos, cómo van a llevar a cabo consultas y cómo van a rendir cuentas.

Se hace una votación para elegir al representante que convenza a la mayoría.

Los representantes adquieren una responsabilidad que merece reconocimiento, aprecio, apoyo en sus tareas y una comunicación siempre fluida y respetuosa.

Existen diversos ejercicios de votación infantil, como el Parlamento Infantil, o las votaciones infantiles convocadas por el Instituto Federal Electoral. ¿Cuáles conoces? ¿Cuáles se podrían llevar a cabo en tu escuela? ¿Se han realizado votaciones infantiles en tu escuela? ¿Con qué objetivo?

Votación en el Parlamento Infantil

Ejercicios

Los derechos humanos

Lee la sección "Platiquemos" en las páginas 102-107, e investiga más para contestar lo siguiente:

¿Qué son los derechos humanos?

_____
_____
_____

¿Cuándo se dice que se viola un derecho humano?

_____
_____
_____

¿Cómo se llama la institución pública autónoma que defiende los derechos humanos en tu entidad federativa?

_____
_____
_____

Una asociación civil que defiende algún derecho humano en tu entidad es:

_____
_____
_____

El organismo internacional que promueve la paz entre los países del mundo se llama:

_____
_____
_____

Investiga qué instituciones nacionales u organismos internacionales protegen, defienden y promueven los derechos de estos niños y relaciónala con la imagen.

¿Qué instituciones o asociaciones civiles ayudarían a familias de inmigrantes que llegaran a tu entidad federativa a disfrutar sus derechos?

_____
_____
_____
_____
_____
_____
_____

¿Qué institución vela por que los niños y las niñas y sus familias puedan salir de su país en caso de guerra o persecución política?

_____
_____
_____
_____
_____
_____
_____

¿Qué institución de tu entidad federativa puede ayudar a esta mujer y sus hijos a defender sus derechos?

_____
_____
_____
_____
_____
_____

Busca varias notas periodísticas acerca de diferentes problemas que afectan a los niños y las niñas de nuestro país. Léelas, subráyalas. Recorta los títulos de acuerdo con las siguientes problemáticas y pégalos aquí.

Discriminación

Pobreza

Guerras

Desnutrición

Analiza cómo estos problemas afectan el buen desarrollo de niñas y niños, la paz social y los derechos de las personas. Platícalo con tu familia, tus maestros y tus compañeros. Anota aquí tu conclusión.

_____

_____

_____

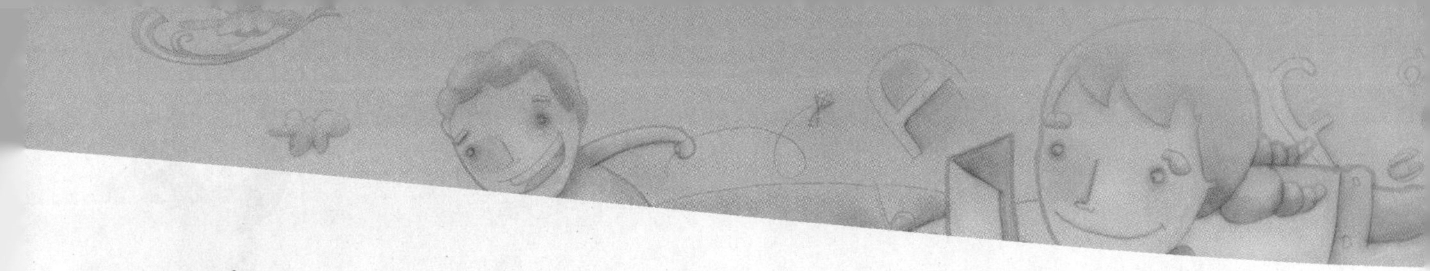

Participación

Prepara un plan de protección civil en tu escuela. Para ello, investiga si en tu escuela hay uno. Si lo hay, contesta:

¿Qué comisiones hay?

_____

_____

_____

¿Quiénes son los responsables de esas comisiones?

_____

_____

_____

¿Cuáles son las zonas de seguridad?

_____

_____

_____

¿Qué precauciones hay para evacuar personas con impedimentos físicos?

_____

_____

_____

¿Cuáles son las rutas de evacuación?

_____

_____

_____

Identifica riesgos en tu escuela y sus alrededores: coladeras descubiertas, vidrios rotos, hoyos, desniveles en el piso, cables.

Haz una lista:

Riesgos en la escuela	Riesgos en los alrededores

Investiga qué autoridades son las responsables de hacer las reparaciones.

_____

_____

_____

Escribe una carta de petición a las autoridades correspondientes para que atiendan los problemas que detectaste.

Lugar y fecha

Persona a quien
diriges tu carta
Cargo

Atentamente,

Tu nombre
Tu dirección

Autoevaluación

Escoge la respuesta que mejor describe tu desempeño y traza una ✔ en la urna correspondiente.

 **S** Siempre
 **CS** Casi siempre
 **CN** Casi nunca
 **N** Nunca

En la escuela, con mis maestros y mis compañeros

Me intereso en investigar qué proyectos tienen las instituciones que protegen los derechos humanos.

Realizo acuerdos basados en el diálogo, y rechazo la violencia.

Cumplo acuerdos para la realización de los trabajos en equipo.

Relaciono pobreza, exclusión y desigualdad con violencia social.

Sugiero acciones para atender problemas de la comunidad escolar.

En mi casa, en la calle y otros lugares

Rechazo la violencia verbal o física para dar solución a problemas con familiares, amigos o vecinos.

Analizo un problema antes de tomar partido.

Doy trato equitativo y respetuoso a todas las personas con quienes convivo.

Platico para evitar el uso de la violencia.

Rechazo actitudes de intolerancia.

¿En qué puedo mejorar?

Himno Nacional Mexicano

Coro
Mexicanos, al grito de guerra
El acero aprestad y el bridón,
Y retiemble en sus centros la Tierra
Al sonoro rugir del cañón.

I
Ciña, ¡oh patria!, tus sienes de oliva
De la paz el arcángel divino,
Que en el cielo tu eterno destino
Por el dedo de Dios se escribió.

Mas si osare un extraño enemigo
Profanar con su planta tu suelo,
Piensa, ¡oh patria querida!, que el cielo
Un soldado en cada hijo te dio.

[Coro]

II
¡Guerra, guerra sin tregua al que intente
De la patria manchar los blasones!
¡Guerra, guerra! Los patrios pendones
En las olas de sangre empapad.

¡Guerra, guerra! En el monte, en el valle
Los cañones horrísonos truenen,
Y los ecos sonoros resuenen
Con las voces de ¡Unión! ¡Libertad!

[Coro]
III

Antes, patria, que inermes tus hijos
Bajo el yugo su cuello dobleguen,
Tus campiñas con sangre se rieguen,
Sobre sangre se estampe su pie.

Y tus templos, palacios y torres
Se derrumben con hórrido estruendo,
Y sus ruinas existan diciendo:
De mil héroes la patria aquí fue.

[Coro]

IV
¡Patria! ¡Patria! Tus hijos te juran
Exhalar en tus aras su aliento,
Si el clarín con su bélico acento
Los convoca a lidiar con valor.

¡Para ti las guirnaldas de oliva!
¡Un recuerdo para ellos de gloria!
¡Un laurel para ti de victoria!
¡Un sepulcro para ellos de honor!

Coro
Mexicanos, al grito de guerra
El acero aprestad y el bridón,
Y retiemble en sus centros la Tierra
Al sonoro rugir del cañón.

Letra: **Francisco González Bocanegra**
Música: **Jaime Nunó**

122

PP. 10-15, colección Biblioteca del Niño Mexicano, portadas, Heriberto Frías, Maucci, México, 1900. **PP. 12-13**, rebozo, foto Juan Antonio García Trejo. **P. 16**, niños, foto Rita Robles Valencia. **P. 18**, (ab.) *¡Aprende jugando!*, portada, Coordinación General de Protección Civil, Secretaría de Gobernación. **P. 19** (der.) Saúl Mendoza, Comisión Nacional de Cultura Física y Deporte; (centro) Nelly Miranda, Comisión Nacional de Cultura Física y Deporte; (izq.) Juan Ignacio Reyes, Comisión Nacional de Cultura Física y Deporte. **P. 21**, niñas, foto Heriberto Rodríguez, archivo iconográfico DGME-SEP. **P. 34**, hemiciclo a Juárez (detalle), foto Baruch Loredo Santos. **P. 35**, (arr.) banda presidencial de Benito Juárez, SHCP-Recinto de Homenaje a Don Benito Juárez; (ab.) retrato de Margarita Maza, SHCP-Recinto de Homenaje a Don Benito Juárez. **P. 36**, calesa utilizada por Benito Juárez, Museo Nacional de Historia, Conaculta-INAH-MEX*. **P. 37**, águila del escudo nacional juarista, SHCP-Recinto de Homenaje a Don Benito Juárez. **P. 38**, (izq.) tintero de Benito Juárez, SHCP-Recinto de Homenaje a Don Benito Juárez; (centro) anteojos y carta de Margarita Maza, SHCP-Recinto de Homenaje a Don Benito Juárez; (der.) escritorio de campaña de Benito Juárez, SHCP-Recinto de Homenaje a Don Benito Juárez. **P. 39**, (izq.) artículos personales de Benito Juárez, SHCP-Recinto de Homenaje a Don Benito Juárez; (der.) *Alegoría de la Constitución de 1857*, panoplia en bronce, SHCP-Recinto de Homenaje a Don Benito Juárez. **P. 42**, (izq.) interior del Salón de Escudos, Palacio Nacional; (centro) Museo Nacional de las Culturas, foto Raúl Barajas; Supremo Tribunal en la Casa de la Peña y Peña, Querétaro; (der.) Ex Convento de la Enseñanza, foto Baruch Loredo Santos. **P. 43**, (izq.) Benito Juárez, en Sierra, Justo, *Juárez. Su obra y su tiempo*, J. Ballescá y Compañía, Sucesores, Editores, Barcelona, 1905-1906; (centro) Sebastián Lerdo de Tejada, en Sierra, Justo, *Juárez. Su obra y su tiempo*, J. Ballescá y Compañía, Sucesores, Editores, Barcelona, 1905-1906; (der.) José María Iglesias, en Sierra, Justo, *Juárez. Su obra y su tiempo*, J. Ballescá y Compañía, Sucesores, Editores, Barcelona, 1905-1906. **P. 44**, amate de Juan Martínez P., foto Jordi Farré. **P. 45**, partitura con violín, © Photostock; librería, © Photostock; *Dos novias en bicicleta*, Rodolfo Morales, foto David Maaward, Fundación Cultural Rodolfo Morales, A. C.; *Puerta libertad* (2007), Noé Álvarez Godoy (1973), lámina de acero pintada, 1.20 x 1.15 x 0.45 m, colección del artista. **PP. 56-61**, grupos étnicos, ilustración Magdalena Juárez. **P. 62**, "El negro", en Rodríguez, Artemio, *Fábulas de Esopo*, Patronato Universitario, UNAM. **PP. 66-67**, mapa *La diversidad cultural de México. Arte popular mexicano*, ilustración Magdalena Juárez y Laura Gabriela Rodríguez, ©Dirección General de Culturas Populares e Indígenas-Conaculta. **P. 68**, (arr.) tapete, Huamantla, Tlaxcala; niño, foto Heriberto Rodríguez, Coordinación General de Educación Intercultural y Bilingüe; (centro) músicos, Comunicación Social SEP; (ab. izq.) calaverita de dulce; (ab. centro) tejedora, foto Baruch Loredo Santos, Museo Nacional de Antropología, Conaculta-INAH-MEX*; (ab. der.) rebozo tejido en lino, teñido con la técnica Ikat; tortillas y maíz en metate. **P. 69**, niños, foto Heriberto Rodríguez, Coordinación General de Educación Intercultural y Bilingüe. **P. 70**, niño, foto Heriberto Rodríguez, Coordinación General de Educación Intercultural y Bilingüe. **P. 80**, estación de ferrocarril, litografía, anónimo, © CND. Sinafo-Fototeca Nacional del INAH. **P. 81**, real de minas, © CND.Sinafo-Fototeca Nacional del INAH. **P. 82**, ceremonia de inauguración de la Universidad Nacional en el anfiteatro Simón Bolívar, 1910, IISUE-AHUNAM/Colección Universidad, s/n. **P. 83**, (arr.) *Porfirio Díaz*, anónimo, óleo, 1913, colección Eduardo Rincón Gallardo; (ab.) puente de Metlac Ferrocarril de México a Veracruz, Biblioteca del Congreso de Estados Unidos. **P. 84**, *Carta General de la República Mexicana*, Antonio García Cubas, Colección Mapoteca Orozco y Berra, número 1037. **P. 85**, (izq.) Antonio García Cubas en su biblioteca, en García Cubas, Antonio, *El libro de mis recuerdos. Narraciones históricas, anecdóticas y de costumbres mexicanas*, Porrúa, México, 1905; (der.) Comisión Científica Mexicana, foto Baruch Loreto Santos, Biblioteca Nacional de Antropología e Historia. **P. 86**, *Batalla de Puebla*, Patricio Ramos Ortega, Museo Nacional de Historia, Conaculta-INAH-MEX*. **P. 87**, (arr.) Isabel Prieto de Landázuri, en Vigil, José María, *Poetisas mexicanas. Siglos XVI, XVII, XVIII y XIX*, Oficina Tipográfica de la Secretaría de Fomento, México, 1893; (ab. izq.) Esther Tapia de Castellanos, en Vigil, José María, *Poetisas mexicanas. Siglos XVI, XVII, XVIII y XIX*, Oficina Tipográfica de la Secretaría de Fomento, México, 1893; (ab. der.) Laureana Wright de Kleinhans, en Vigil, José María, *Poetisas mexicanas. Siglos XVI, XVII, XVIII y XIX*, Oficina Tipográfica de la Secretaría de Fomento, México, 1893. **P. 88**, Escudo Nacional, Secretaría de Gobernación. **P. 89** Rotonda de las Personas Ilustres. **P. 90**, niños, foto Laura Raquel Montero. **P. 91**, niñas, foto Heriberto Rodríguez, Coordinación General de Educación Intercultural y Bilingüe. **P. 92**, niños, foto Heriberto Rodríguez, Coordinación General de Educación Intercultural y Bilingüe. **P. 102**, (izq.) Escudo de la Escuela Nacional Preparatoria, Patronato Universitario-UNAM; (der.) Gabino Barreda,

CRÉDITOS ICONOGRÁFICOS

en *Retrato popular del siglo* XIX, colección particular José Guadalupe Martínez. **P. 103**, (arr.) libros de Benito Juárez, SHCP-Recinto de Homenaje a Don Benito Juárez; (ab. izq.) Biblioteca Nacional, © CND.Sinafo-Fototeca Nacional del INAH; (ab. der.) Escuela Nacional de Ciegos, © CND.Sinafo-Fototeca Nacional del INAH. **P. 104**, (izq.) Escuela Nacional de Artes y Oficios, foto Baruch Loredo Santos, colección particular de José Guadalupe Martínez; (der.) niños de pueblo de San Miguel, foto Baruch Loredo Santos, colección particular de José Guadalupe Martínez. **P. 105**, (izq.) salón de clase, ca. 1900, © CND.Sinafo-Fototeca Nacional del INAH; (der.) Ignacio Manuel Altamirano, en Justo, Sierra, *Juárez, su obra y su tiempo*, J. Ballescá y Compañía, Sucesores, Editores, Barcelona, 1905-1906; (ab.) pupitre, ca. 1900, Museo Nacional de Historia, Conaculta-INAH-MEX*. **P. 106**. Ignacio Ramírez, Guillermo Prieto y José Rosas Moreno, en *Retrato popular del siglo XIX*, colección particular José Guadalupe Martínez. **P. 107** (arr.) *Libro de oro de las niñas. Nuevas lecciones de moral en verso*, portada, José Rosas Moreno, Antigua Imprenta de Murguía, México, 1887; (ab. izq.) *Lecciones de historia patria*, portada, Guillermo Prieto, Oficina Tipográfica de la Secretaría de Fomento, México, 1893; (ab. der.) *Geografía elemental del estado de Guanajuato*, portada, Pedro González, Imprenta Acosta de Guanajuato, 1905. **P. 109**, Parlamento Infantil, Cámara de Diputados. **P. 110**, niño, foto Heriberto Rodríguez, Coordinación General de Educación Intercultural y Bilingüe. **P. 111**, (arr.) Justo Sierra, en Justo, Sierra, *Juárez, su obra y su tiempo*, J. Ballescá y Compañía, Sucesores, Editores, Barcelona, 1905-1906; (ab.) Museo de Arte, Monterrey, ©Latinstock. **P. 112**, marcha de inmigrantes en Los Ángeles, California, ©Latinstock. **P. 113**, *Alegoría de la Constitución de 1857*, foto Baruch Loredo Santos, Recinto Parlamentario, Palacio Nacional. **P. 114**, Parlamento Infantil, Cámara de Diputados. **P. 115**, (izq.) Parlamento Infantil, Cámara de Diputados; (der.) niños, Comunicación Social SEP. **P. 122**, *Alegoría de la Patria*, Recinto Parlamentario, Palacio Nacional.

* Reproducción autorizada por el Instituto Nacional de Antropología e Historia.

Ignacio Manuel Altamirano, "La crónica de la semana", *El Renacimiento. Periódico literario*, México, Imprenta de F. Díaz de León y Santiago White, 1869.

—, *Rimas*, París, Librería de la vda. de Ch. Bouret, 1880.

Fábulas de Esopo, de conformidad con la versión en náhuatl del manuscrito Cantares mexicanos *que conserva la Biblioteca Nacional de México*, Salvador Díaz Cíntora (transcr., trad. e introd.), México, UNAM/Coordinación de Humanidades-Instituto de Investigaciones Bibliográficas-Instituto de Investigaciones Filológicas-Coordinación de Difusión Cultural, 1996.

Heriberto Frías, *Biblioteca del niño mexicano*, México, Maucci Hermanos, 1900.

Mateana Murguía de Aveleyra, "A la memoria de los alumnos del Colegio Militar, muertos en defensa de la Patria el 13 de septiembre de 1847", *Poetisas mexicanas. Siglos XVI, XVII, XVIII Y XIX. Antología formada por la Junta de Señores, correspondiente de la Exposición de Chicago*, Vigil, José María (comp.), México, Oficina Tipográfica de la Secretaría de Fomento, 1893.

Justo Sierra, *Juárez. Su obra y su tiempo*, Barcelona, J. Ballescá y Compañía, Sucesores, Editores, 1905-1906.

Esther Tapia de Castellanos, "La Patria", *El Renacimiento. Periódico literario*, México, Imprenta de F. Díaz de León y Santiago White, 1869.

Jaime Torres Bodet, *Discursos (1944-1964)*, México, Editorial Porrúa, 1965.

Formación Cívica y Ética. Quinto grado
se imprimió por encargo de la
Comisión Nacional de Libros de Texto Gratuitos,
en los talleres de Servicios Editoriales y de Impresión, S.A. de C.V.,
con domicilio en Salvador Velazco No. 106,
Parque Industrial Exportec 1,
C.P. 50200, Toluca, Estado de México,
en el mes de febrero de 2011.
El tiraje fue de 2'901,850 ejemplares.

Impreso en papel reciclado

¿Qué piensas de tu libro?

Tu opinión es muy importante para nosotros. Te invitamos a que nos digas lo que piensas de tu libro de Formación Cívica y Ética, quinto grado. Lee las preguntas y elige la respuesta que mejor exprese tus ideas.

	Sí	No
1. ¿Qué secciones te gustan de tu libro?		
Platiquemos	☐	☐
Para aprender más	☐	☐
Para hacer	☐	☐
Ejercicios	☐	☐
Cenefa	☐	☐
Autoevaluación	☐	☐

	Siempre	Casi siempre	A veces	Nunca
2. ¿Los textos te sirvieron para conocer y reflexionar acerca de los valores éticos y cívicos?	☐	☐	☐	☐
3. ¿Las imágenes te permitieron obtener información adicional y nuevas ideas?	☐	☐	☐	☐
4. ¿Te resultó fácil comprender la información de los textos?	☐	☐	☐	☐

	Interesantes	Poco interesantes	Nada interesantes
5. ¿Cómo consideras los temas tratados en estas secciones?			
Lecturas	☐	☐	☐
Ejercicios	☐	☐	☐
Imágenes	☐	☐	☐

6. ¿Qué lograste aprender con las lecturas, actividades y cenefas de tu libro?

_____

_____

7. Si fueras el autor o la autora del libro, ¿qué le agregarías?

_____

8. Si fueras el autor o la autora del libro, ¿qué le quitarías?

_____

Gracias por tus respuestas.

Dirección General de Materiales Educativos
Dirección General de Desarrollo Curricular
Viaducto Río de la Piedad 507,
Granjas México, 8400, Iztacalco, México, D. F.

Dobla aquí

Si deseas recibir una respuesta, anota tus datos.

Nombre:

Domicilio:

| Calle | Número | Colonia |

| Entidad | Municipio o delegación | C. P. |

Dobla aquí

Pega aquí